Visitas al Santísimo Sacramento y a María Santísima

por San Alfonso María de Ligorio

Acto para la comunión espiritual

Creo, Jesús mío, que estáis en el Santísimo Sacramento; *os amo* sobre todas las cosas y *deseo* recibiros en mi alma . Ya que ahora no puedo hacerlo sacramentalmente, venid a lo menos espiritualmente a mi corazón. Como si ya os hubiese recibido, os abrazo yme uno todo a Vos. No permitáis, Señor, que vuelva jamás a abandonaros.

Fórmula breve

Creo, Jesús mío, que estáis en el Santísimo Sacramento: Os amo y deseo. Venid ami corazón. Os abrazo; no os apartéis nunca de mí.

Se ganan 3 años de Indulgencia cada vez. Plenaria al mes haciéndola todos los días.(Penit. 25 febrero 1933. Enchir. 164.)

Otros actos de amor y jaculatorias

Ruégote, Señor mío Jesucristo, que a mi alma consuma la encendida y suave fuerzade tu amor, para que yo muera de amor de tu amor, ya que por el amor de mi amor te dignaste morir *(San Francisco)*.

Oh, amor no amado, amor no conocido! *(Santa María Magdalena de Pazzi)*.

Jesús amable, dulce amor mío!

¡Hiere e inflama mi pecho frío, que arda y se abrase siempre por Ti!

Viva el amor de Jesús, nuestra vida y nuestro todo! ¡Viva María, nuestra esperanza!
Amén.

Exposición del Santísimo Sacramento

En *la Exposición del Santísimo Sacramento, sea privada, o en el Copón dentro delSagrario abierto, o solemne, o expuesto en la Custodia, suele cantarse el siguiente himno:*

Pueden también cantarse otros himnos y cánticos eucarísticos, incluso populares.

Reserva al Santísimo Sacramento

Cántase siempre este himno:
Tantum ergo Sacramentum, Veneremur cernui
Et antiquum documentum, Novo cedat ritui
praestet fides suplementum, Sensuum defectui

Genitori, Genitoque, Laus et jubilatio,
Salus, honor, virtus quoque, Sit et benedictio,
Procedenti ab Utroque, Compar sit laudatio. *Amen*

Pange lingua gloriosi Corporis mysterium,
Sanguinisque pretiosi, Quem in mundi pretium
Fructus ventris generosi Rex effudit gentium.

Nobis datus, nobis natus, Ex intacta Virgine,
Et in mundo conversatus, Sparso verbi semine,
Sui moras incolatus, Miro clausit ordine.

V. Panem de Caelo praestitísti eis.
R. Omne delectaméntum in se habéntem.

V. Pan del cielo les disteis
R. Que contiene en sí todas las delicias.

ORÉMUS

Deus, qui nobis, sub Sacraménto mirábili, passiónis tuae memóriam reliquísti,tríbue quaésumus ita nos Córporis et Sánguinis tui sacra mystéria venerári, ut redemptiónis tuae fructum in nobis júgiter sentiámus. Qui vivis et regnas in saécula saeculórum.

R. Amen

OREMOS

¡Oh, Dios mío, que en el admirable Sacramento nos dejasteis la memoria de vuestra

4

Pasión! Concedednos, como os pedimos, que de tal manea veneremos los misterios devuestro Cuerpo y Sangre, que perennemente sintamos en nosotros el fruto de vuestra redención. Vos que vivís y reináis por los siglos de los siglos.

R. Amén

Dada la bendición con el Santísimo, y colocado éste sobre el altar, se suelen rezarlas siguientes:

Alabanzas a Jesús y María en reparación de las blasfemias

* Bendito sea Dios.
* Bendito sea su Santo Nombre.
* Bendito sea Jesucristo, verdadero Dios y verdadero hombre.
* Bendito sea el nombre de Jesús.
* Bendito sea su Sacratísimo Corazón.
* Bendita sea su preciosísima sangre.
* Bendito sea Jesús en el Santísimo Sacramento del altar.
* Bendita sea la Gloriosa Santa María Madre de Dios.
* Bendita sea su Santa e Inmaculada Concepción.
* Bendita sea su Gloriosa Asunción.
* Bendito sea el nombre de María Virgen y Madre.
* Bendito sea San José, su castísimo Esposo.
* Bendito sea Dios en sus Ángeles y en sus Santos.

Ind. de 3 años: si se hace públicamente, de 5. Plenaria al mes (Número 696).

Visitas al Santísimo Sacramento y a María Santísima

Oración preparatoria para todos los días

Señor mío Jesucristo, que por amor a los hombres estáis día y noche en ese Sacramento, lleno de misericordia y amor, esperando, llamando y acogiendo a cuantos vienen a visitaros; creo que estáis presente en el Santísimo Sacramento del Altar; os adoro desde el abismo de mi nada, os doy gracia por todos los beneficios que me habéis hecho, y especialmente por haberos dado todo a mí en ese Sacramento, por haberme concedido por abogada a María, vuestra Madre santísima y por haberme llamado a visitaros en este lugar santo.

Saludo hoy a vuestro amantísimo Corazón, y es mi intención saludarlo por tres fines: el primero, para daros gracias por tan insigne don; el segundo, para reparar las injurias que habéis recibido de todos vuestros enemigos en este Sacramento, y el tercero, para adoraros desde aquí en esta visita, en todos los lugares de la tierra donde estáis sacramentado con menos culto y más abandono.

Jesús mío, os amo con todo mi corazón. Me arrepiento de haber ofendido tantasveces en mi vida pasada a vuestra bondad infinita.

Propongo mediante vuestra gracia no ofenderos más adelante; y ahora, miserable como soy, me consagro enteramente a Vos, renuncio a mi voluntad, a mis afectos, a mis deseos, a todo lo que me pertenece, y os hago de ello donación. En adelante haced de mí yde todas mis cosas cuanto os plazca.

No os pido ni quiero otra cosa que vuestro santo amor, la perseverancia final y el perfecto cumplimiento de vuestra voluntad. Os recomiendo las almas del Purgatorio, y en particular las más devotas del Santísimo Sacramento y de María Santísima.

Os recomiendo también todos los pobres pecadores. Por fin, oh Salvador amantísimo, uno todos mis afectos a los de vuestro amantísimo Corazón, y así unidos losofrezco a vuestro eterno Padre, pidiéndole en vuestro nombre se digne aceptarlos, y oiga mis súplicas por amor vuestro.

Rezándola delante del Santísimo se ganan 5 años de Indulgencia cada vez.
Planaria, una vez al mes, rezándola todos los días, confesando y comulgando y rogandopor las intenciones del Papa. (Penit. 25 febrero 1933. Colec. 182.)

Visita al Santísimo

Se lee la que corresponde al día del mes.

Comunión espiritual

Ver la fórmula adecuada en la página 41.

Visita a María Santísima

Se hace ante alguna imagen suya.
Ver el texto correspondiente al día del mes.

Oración a María Santísima

Esta súplica debe repetirse cada día a fin de alcanzar el poderosísimo patrociniode María.

Inmaculada Virgen y Madre mía, María Santísima! A Vos, que sois la Madre de miSeñor, la Reina del mundo, la Abogada, la Esperanza y el Refugio de los pecadores, recurro en este día yo, que soy el más miserable de todos. Os venero, Oh gran Reina, y os agradezco todas las gracias que hasta ahora me habéis hecho, especialmente la de haberme librado del infierno, que tantas veces he merecido. Os amo, Señora amabilísima, y por el amor que os tengo, os prometo serviros siempre y hacer todo lo posible para que de los demás seáis también amada.

En Vos pongo todas mis esperanzas, toda mi salvación. Oh, Madre de misericordia, aceptadme por vuestro siervo, y acogedme bajo vuestro manto. Y ya que sois tan poderosa para con Dios, libradme de todas las tentaciones o, al menos, alcanzadme fuerza para vencerlas hasta la muerte. Os pido el verdadero amor a Jesucristo, y de Vos espero la graciade una buena muerte.

¡Oh, Madre mía! Por el amor que tenéis a Dios, os ruego que siempre me ayudéis; pero mucho más en el último instante de mi vida. No me desamparéis, mientras no me veáis salvo en el cielo, bendiciéndoos y cantando vuestras misericordias por toda la eternidad.
Amén. Así lo espero, así sea.

Visita al Patriarca San José

Véase el texto correspondiente al día del mes.

Oración a San José

Debe rezarse todos los días al finalizar la visita.

Acordaos, purísimo Esposo de la Santísima Virgen María, dulce protector mío San José, que jamás se ha oído decir que ninguno de los que han acudido a vuestra protección y reclamando vuestro auxilio, haya quedado sin consuelo. Con esta confianza vengo a vuestrapresencia y me encomiendo fervorosamente a Vos. No despreciéis mi súplica, ¡Oh Padre adoptivo del Redentor!, antes bien, acogedla benignamente. Amén

Indulgencia de 500 días, núm. 472.

Visita 1ª

Se lee la Oración preparatoria para todos los días
He aquí la fuente de todo bien, Jesús en el Santísimo
Sacramento, el cual nos dice: *Quien tenga sed, venga a mí.*
¡Oh, cuán abundante raudal de gracias han sacado siempre los
Santos de esta fuente del Santísimo Sacramento, donde, como
predijo el Profeta, dispensa Jesús todos los méritos de su
Pasión!: *¡Sacaréis agua de las fuentes del Salvador!* La
condesa de Feria, aquella ilustre discípula del B. Padre
Maestro Avila, que se hizo religiosa de Santa Clara, y fue
llamada, por sus frecuentes y largas Visitas a Jesús
Sacramentado, la esposa del Santísimo Sacramento,
habiéndosele preguntado qué hacía en tantas horas como
pasaba ante el Adorable misterio del Altar, respondió: «Allí
estaría yo por toda la eternidad». Pues qué,
¿no está allí la esencia misma de Dios, que será eterno sustento
de los bienaventurados?

¡Ah, Dios mío! Preguntan, ¿qué se hace en presencia
de Jesús Sacramentado? ¿Y qué clase de bien deja de
hacerse? Se ama, se alaba, se agradece, se pide... Y ¿qué
hace unpobre en presencia de un rico?; ¿qué hace un
enfermo ante el médico?; ¿qué hace un sediento a la vista de
una fuente cristalina?; ¿qué hace un hambriento, en fin, ante
un espléndido banquete?

¡Oh, Jesús mío amabilísimo, dulcísimo y amantísimo, vida, esperanza, tesoro y único amor de mi alma! ¡Cuánto os costó el quedaros con nosotros en este Sacramento!...Preciso es que murieseis para quedar después sacramentado en nuestros altares.

Y luego, ¡cuántas injurias no habéis tenido que sufrir en este Sacramento, para auxiliarnos con vuestra presencia! Mas todo lo ha superado vuestro amor y el deseo quetenéis de ser amado de nosotros.

Venid, pues, Señor, venid; entrad dentro de mi corazón, y cerrad después la puerta para siempre, a fin de que no vuelva a entrar en él ninguna criatura que quiera robarme parte de aquel amor que se os debe y que yo consagro anteramente a Vos. Reinad en mí Vos solo, amado Redentor mío; tomad sólo Vos posesión de todo mi ser; y si alguna vez no os obedezco perfectamente, castigadme con rigor, para que en adelante sea más diligente encomplaceros como Vos queréis.

Haced que nada desee, ni busque otro deleite que agradaros a Vos, visitaros confrecuencia en vuestros altares, conversar con Vos y recibiros en la Santa Comunión. Busque quien quisiere otros bienes, que yo no quiero ni deseo otra cosa que el tesoro devuestro amor.

Este solamente quiero pediros al pie del altar. Haced que me olvide de mí paraacordarme únicamente de vuestra bondad.

Serafines bienaventurados, no os envidio vuestra gloria, sino el amor que tenéis a vuestro Dios y Dios mío.

Enseñadme, pues, lo que he de hacer para amarle y darle gusto.

Jaculatoria. ¡Oh, Jesús mío, sólo a Vos quiero amar, sólo a Vos quiero agradar!Se lee el Acto para la Comunión espiritual para todos los días

Visita a María Santísima

Otra fuente, para nosotros preciosísima, es nuestra Madre María, tan rica en virtudesy gracias, dice San Bernardo, que no hay un alma en el mundo que no participe de ellas.
Fue María Santísima colmada de gracia por Dios, como lo atestiguó el Angel al saludarla, diciéndole: *Dios te salve, llena de gracia*. Mas no sólo para Ella, sino también para nosotros, añade San Pedro Crisólogo, recibió aquel tesoro, a fin de que hiciera participantesde él a todos sus devotos.

Jaculatoria. Causa de nuestra alegría, rogad por nosotros.

Se lee la Oración a María Santísima para todos los días Visita al Patriarca San José

Qué Ángel o que Santo, dice San Basilio, ha merecido ser llamado Padre del Hijo de Dios? Sólo San José tiene derecho a este título incomparable. Con este sólo nombre dePadre, fue José fonrado por Dios más que los Patriarcas, Profetas, los apóstoles y los Pontífices, ya que todos estos tienen el nombre de siervos; mas San José lleva merecidamente el nombre de Padre.

¡Oh glorioso Patriarca! Yo venero en Vos al elegido de eterno Padre para que compartiese con Él la altísima e incomparable autoridad que goza sobre su Unigénito Hijo. Hacedme experimentar vuestra gran privanza con Dios, y vuestra tierna caridad para conmigo, alcanzándome todas las gracias que necesito para conseguir la eterna salvación.

Jaculatoria. San José, Padre adoptivo del Hijo

de Dios, rogad por nosotros.Se lee la Oración a

San José para todos los días

Visita 2ª

Se lee la Oración preparatoria para todos los días Dice el devoto Padre Nieremberg, que siendo el pan alimento que se consume comiéndole y se conserva guardándole, quiso Jesucristo quedarse en la tierra bajo las especies de pan, no sólo para serconsumido al unirse por medio de la Santa Comunión con las almas de los que le aman, sino también para ser conservado en el Sagrario, y hacerse presente a nosotros, recordándonos así el amor que nos tiene. San Pablo dice: *Se anonadó a sí mismo tomando forma de siervo. Mas ¿ qué diremos ahora viéndole tomar forma de pan?*

Ninguna lengua es bastante, dice San Pedro de Alcántara, para declarar la grandezadel amor que tiene Jesús a cualquier alma que está en gracia; y por eso, queriendo este dulcísimo esposo partir de esta vida, a fin de que su ausencia no nos fuese ocasión de olvido, nos dejó por recuerdo este Santísimo sacramento, en el cual Él mismo se quedaba; no queriendo que entre Él y nosotros hubiese otra prenda para mantener despierta la memoria.

Pues, ¡oh Jesús mío!, ya que estáis en el Sagrario para oír las súplicas de los miserables que acuden a pediros audiencia, oíd ahora el ruego que os dirige el pecador más ingrato que vive entre los hombre.

Arrepentido vengo a vuestras plantas, conociendo el mal que hice en disgustaros; yprimeramente os pido me perdonéis todos mis pecados. ¡Ah, Dios mío; quién nunca os hubiera ofendido! Pero ¿sabéis lo que además anhelo?...Habiendo conocido vuestra suma habilidad , enamorado estoy de Vos, y siento grandísimo deseo de amaros y complaceros; mas si Vos no me ayudáis, no tengo fuerza para ejecutarlo.

Dad a conocer, ¡oh gran Señor!, a toda la corte del Cielo vuestro sumo poder y bondad inmensa, convirtiendo a un rebelde miserable, como soy yo, en un verdadero amante vuestro. Vos podéis y queréis hacerlo. Suplid todo lo que me falta, a fin de que llegue a amaros mucho, o, a lo menos, tanto cuanto os tengo ofendido. Os amo, Jesús, sobretodas las cosas; os amo más que a mi vida, Dios mío, amor mío y mi todo.

Jaculatoria. Dios mío y mi todo.

Se lee el Acto para la Comunión espiritual para todos los días Visita a MaríaSantísima

Lleguémonos *confiadamente al Trono de la gracia, a fin de alcanzar misericordia yhallar la gracia con oportuno auxilio* (Hebr. 4, 16). Dice San Antonio que este trono es María, por quien dispensa Dios todas las gracias. ¡Oh, Reina amabilísima! Si tanto deseáis ayudar a los pecadores, ved aquí un gran pecador que a vos recurre. Ayudadme mucho y ayudadme pronto.

Jaculatoria. Único refugio de los pecadores, tened misericordia de mí *(SanAgustín)*.

Se lee la Oración a María Santísima para todos los días Visita al Patriarca San
José

Habiendo Dios destinado a San José para ejercer el noble cargo de padre sobre la augusta persona del Verbo encarnado, debe tenerse por cierto que le confirió todas las dotesde sabiduría y santidad que le eran menester para ello.

¡Oh, bienaventurado Patriarca! Vos que ahora estáis en el Cielo, cerca de vuestro amado Jesús, tened compasión de mí, que vivo todavía en este valle de miseria, rodeado de tantos enemigos y siempre expuesto al peligro de perder la gracia de Dios.

Socorredme, pues, amorosamente; cubridme con las alas de vuestro poderosopatrocinio, y no dejéis de protegerme hasta que me halle en posesión de la patria bienaventurada.

Jaculatoria. Alcanzadme, glorioso San José, las gracias que necesito para misalvación.

Se lee la Oración a San José para todos los días

Visita 3ª

Se lee la Oración preparatoria para todos los días
He aquí a nuestro Jesús, que no contento con haber dado la vida en este mundo por nuestro amor, todavía quiso permanecer con nosotros después de su muerte en el Santísimo Sacramento, declarando queentre los hombres halla sus delicias . *¡Oh hombres!* (exclama Santa Teresa) *¿ cómo podéisofender a un Dios, que asegura que con vosotros tiene sus delicias?* Jesús halla sus delicias en nosotros; ¿y no las hallaremos en Jesús, nosotros singularmente, que hemos alcanzado la honra de habitar en su palacio? ¡Cuán honrados se juzgan aquellos vasallos a quienes el rey da lugar en su alcázar! Pues he aquí el palacio del Rey de los reyes, ésta es la casa donde habitamos con Jesucristo. Sepamos serle agradecidos y aprovecharnos de la conversación con el Señor.

Aquí me tenéis, Señor mío y Dios mío, ante este altar, donde residís de día y de noche por mí. Vos sois la fuente de todo bien, Vos el médico de todos los males, Vos el tesoro de todos los pobres. Aquí tenéis ahora a vuestros pies a un pecador, el más pobre y más enfermo de todos, que os pide misericordia; tened compasión de mí. No quiero que mi propia miseria me desanime; porque veo que en este Sacramento bajáis del Cielo a la tierra, solamente para mi bien.

Os alabo, os doy gracias y os amo; y si queréis que os pida alguna limosna, ésta os pido, oídme: No quiero ofenderos más, dadme luz y gracia para amaros con todas mis fuerzas. Señor, os amo con toda mi alma; os amo con todos mis afectos. Haced que lo digade corazón, y que lo diga siempre en esta vida y por toda la eternidad.

Virgen Santísima, Santos protectores míos, Ángeles y bienaventurados de la Gloria, ayudadme todos a amar a mi amabilísimo Dios.

Jaculatoria. Jesús, Buen Pastor, pan verdadero, ten misericordia de nosotros; apaciéntanos, defiéndenos, y haz que veamos tus bienes en la tierra de los vivos.

Se lee el Acto para la Comunión espiritual para todos los días Visita a MaríaSantísima

Sus *lazos son ligaduras de salvación*. Dice el devoto Pelbarto que la devoción aMaría es una cadena de predestinación. Roguemos a nuestra Señora que nos afiance siempre, y cada vez más fuertemente, con amorosas cadenas en la confianza de su protección.

Jaculatoria. ¡Oh clementísima, oh piadosa, oh dulce Virgen María!

Se lee la Oración a María Santísima para todos los días Visita al Patriarca San
José

Según San Juan Damasceno, el Señor dio a San José, con el fin de falicitarle su cargo cerca de Jesús, las tres principales cualidades de un excelente padre, esto es: el amor,la vigilancia y la autoridad. Diole la autoridad de padre para que el Hijo de Dios le obedeciese en todas las cosas; la solicitud y vigilancia de padre, a fin de que le asistiese y custodiase con todo cuidado tan precioso tesoro; y, finalmente, le dio el afecto de un tiernísimo padre.

¡Oh, Santo Patriarca! Vos, que tanto deseáis ver amado a Jesús, alcanzadme unardiente amor para con este Redentor divino.

Jaculatoria. Protegednos, bendito

Patriarca, con paternal amor.Se lee la

Oración a San José para todos los

días

Visita 4ª

Se lee la Oración preparatoria para todos los días Es tanto el gusto que experimentan los amigos del siglo en su trato, que pierden días enteros departiendo juntos.Con Jesús Sacramentado sólo sienten fastidio los que no le aman; mas los Santos han hallado la gloria ante el Santísimo Sacramento. Santa Teresa, después de su muerte , dijo desde el Cielo a una de sus Religiosas:

Los de acá del Cielo, y los de allá de la tierra, hemos de ser unos en el amor y pureza; los de acá viendo la esencia divina, y los de allá adorando al Santísimo Sacramento, con el cual habéis de hacer vosotros lo que nosotros con la esencia divina:nosotros gozando, y vosotros padeciendo, que en esto nos diferenciamos.

He aquí, pues, nuestro paraíso en la tierra: el Santísimo Sacramento. ¡Oh, Cordero inmaculado y sacrificado por nosotros en la Cruz! Acordaos que yo soy una de aquellas almas que redimisteis con tantos dolores y con vuestra muerte. Haced que os posea siemprey que no os pierda jamás, ya que os habéis dado y os dais a mí todos los días, sacrificándoos por mi amor en los altares; y haced también que yo sea todo vuestro.

A Vos me entrego para que hagáis de mí cuanto os agrade. Os doy mi voluntad; aprisionadla con los dulces lazos de vuestro amor, para que sea eternamente esclava de vuestra voluntad santísima. Ya no quiero vivir para satisfacer mis deseos, sino para contentar a vuestra bondad. Destruid en mí todo lo que no os agrade; concededme la graciade no tener otro pensamiento que el de complaceros ni otro deseo que el de conformarme con los vuestros.

Os amo, carísimo Salvador mío, con todo mi corazón; os amo porque deseáis que osame; os amo porque sois infinitamente digno de mi amor; siento no amaros cuanto merecéis. Quisiera, Señor, morir por amor vuestro. Aceptad mi deseo, y dadme vuestro amor.

Jaculatoria. ¡Oh, voluntad de mi Dios, a Vos por completo me consagro!

Se lee el Acto para la Comunión espiritual para todos los días Visita a MaríaSantísima

Yo *soy la Madre del Amor Hermoso*, dice María; es decir, del amor que hermosealas almas. Santa María Magdalena de Pazzi vio a María Santísima que iba repartiendo un licor dulcísimo, que era el divino amor. Don es éste que sólo por medio de María se dispensa: pidámoslo, pues a María.

Jaculatoria. Madre mía, esperanza mía, hacedme todo de Jesús.

Se lee la Oración a María Santísima para todos los días Visita al Patriarca San José

EL ejemplo de Jesucristo, que quiso en la tierra honrar a San José, hasta el extremo de sujetarse en todo a su autoridad, debería excitar en nosotros mucha devoción a este granSanto; pues merece ser muy honrado de los hombres quien por el Rey de reyes fue tan honrado y enaltecido.

Vos sois también nuestro padre, oh glorioso San José, y nosotros vuestros hijos, queya somos hermanos de Jesús. Por este título tenemos derecho a la ternura de vuestro corazón paternal, y aguardamos confiados vuestra protección en esta vida, y especialmente en la hora de nuestra muerte.

Jaculatoria. Concedednos la gracia de implorar vuestro patrocinio con filialconfianza.

Se lee la Oración a San José para todos los días

Visita 5ª

Se lee la Oración preparatoria para todos los días El gorrioncillo -dice David- halló su habitación en los agujeros de las casa, y la tortolilla en su nido; mas Vos, oh Reymío y Dios mío, para haceros encontrar de nosotros, y permanecer en nuestra compañía, habéis puesto vuestro nido en los altares, y fijado en la tierra vuestra habitación.

Preciso es, Señor, afirmar que sois en demasía amante de los hombres; no sabéis ya qué hacer para que ellos os amen. Pero haced aún, Jesús amabilísimo, que también nosotrosos amemos apasionadamente; pues no es razón que amemos con tibieza a un Dios que con tanto amor nos regala. Atraednos a Vos con los dulces atractivos de vuestro amor, y hacednos conocer las hermosas prendas de que estáis adornado, para que os amemos.

¡Oh, Majestad y Bondad infinitas! Amáis en extremo a los hombres, y habiendo procurado tanto el ser amado de ellos, ¿cómo son tan pocos los que os aman?... No quiero en adelante ser, como he sido, del número infeliz de esos ingratos: resuelto estoy a amaroscuanto pueda y a no amar sino a Vos. Y puesto que lo merecéis y me lo mandáis con tanta instancia, quiero complaceros. Haced, Dios de mi alma, que os agrade plenamente.

Os lo suplico y lo espero por los méritos de vuestra pasión. Dad a quien los desee los bienes de la tierra, que yo sólo deseo y busco el gran tesoro de vuestro amor. Os amo, Jesús mío; os amo, Bondad infinita. Vos sois toda mi riqueza, toda mi alegría, todo mi amor.

Jaculatoria. Jesús mío, Vos os habéis dado todo a mí; yo me entrego todo a
Vos.

Se lee el Acto para la Comunión

espiritual para todos los díasVisita a

María Santísima

Señora mía, San Bernardo os llama *robadora de corazones*. Dice que vais robandolos corazones con vuestra hermosura y bondad.

Robad también, os lo ruego, este
corazón mío y toda mi voluntad.Os la
entrego toda; y unida a la vuestra,
ofrecedla a Dios.

Jaculatoria. Madre amabilísima, rogad por mí.

Se lee la Oración a María Santísima para todos los días Visita al Patriarca San José

Pasmados quedaron los hebreos cuando Josué mandó al sol que se detuviese y vieron que el sol le obedeció. Mas, ¿qué comparación puede caber entre Josué, que se ve obedecido del sol, criatura inanimada, y José, que se ve obedecido de Jesucristo, que es elmismo Hijo de Dios?

Humildísimo San José: ¡cuáles serían los sentimientos de vuestro corazón, cuandoveíais a Dios sometido a vuestras órdenes!

Oh, poderoso abogado de nuestras almas: rogad por mí a este divino Redentor, decidle que me perdone mis pecados; decidle también que me desprenda de las criaturas y de mí mismo; decidle, en fin, que me encienda en su santo amor, y después disponga de mícomo le agrade.

Jaculatoria. Alcanzadme que obedezca

siempre la voluntad de Dios. Se lee la

Oración a San José para todos los días

Visita 6ª

Se lee la Oración preparatoria para todos los días
Dice Jesucristo que nuestro corazón estará donde esté
nuestro tesoro. Por esto los Santos, que no estiman ni aman
otro tesoro que a Jesucristo, tienen su corazón y todo su amor
en el Santísimo Sacramento.

Amabilísimo Jesús mío Sacramentado, que, por el
amor que me tenéis, estáis de noche y día encerrado en ese
Sagrario; atraed, os lo ruego, todo mi corazón de tal suerte
que no piense sino en Vos, ni ame, ni busque, ni espere otro
bien que poseeros. Hacedlo por los méritos de vuestra pasión,
en cuyo nombre os lo pido y lo espero.

Ah, Salvador mío Sacramentado y amante divino,
¡cuán amables son las tiernas invenciones de vuestro amor
para lograr que las almas os amen! Oh, Verbo eterno, no os
habéis contentado con haceros hombre y morir por nosotros,
sino que nos habéis dado además este Sacramento por manjar,
por compañía y por prenda de gloria.

Os habéis dignado aparecer entre nosotros, ya como
niño en un establo, ya como pobre en un taller, ya como reo
en una Cruz, ya como pan en el altar. Decidme: ¿Qué más

podíais inventar para que os amásemos?...

¡Oh, amabilidad infinita! ¿Cuándo empezaré a corresponder de veras a tantas finezas de amor? Señor, no quiero vivir sino para amaros a Vos solo. ¿De qué me sirve lavida, si no la empleo toda en amaros y complaceros a Vos, amado Redentor mío, que empleasteis vuestra vida entera en mi bien? ¿Y a quién he de amar sino a Vos, que sois todo hermoso, todo afable, todo bueno, todo amoroso y todo amable?

Viva mi alma sólo para amaros; inflámese en amor con sólo recordar el amor vuestro; y al oír mencionar el Pesebre, la Cruz, el Sacramento, arda toda en deseos de hacer grandes cosas por Vos, oh Jesús mío, que tanto habéis hecho y sufrido por mí.

Jaculatoria. Concededme, Señor mío, que antes de morir haga yo por Vosalguna buena obra.

Se lee el Acto para la Comunión espiritual para todos los días Visita a MaríaSantísima

Como *oliva hermosa en los campos...* Yo soy, dice María, la hermosa oliva de quebrota siempre óleo de misericordia. Y estoy en los campos a fin de que todos me vean y recurran a mí. "Oh, piadosísima Reina -digámosle con San Bernardo-, jamás se ha oído decir que haya sido de Vos abandonado ninguno de cuantos se han acogido a vuestro amparo..."; no sea yo, pues, el primero que, recurriendo a Vos, tenga la desventura de ser desamparado.

Jaculatoria. ¡Oh, María!, concededme la gracia de recurrir siempre a Vos.

Se lee la Oración a María Santísima para todos los días Visita al Patriarca San José

Tal era la sumisión que el Niño Jesús profesaba a San José, que no daba un paso, nocomenzaba una oración, no gustaba bocado, ni descansaba sino conformándose con las órdenes del Santo. Esto lo reveló Dios mismo a Santa Brígida, diciéndole: "Mi Hijo era de tal modo obediente, que cuando José le ordenaba que hiciese algo, al punto ponía manos a la obra."

¡Oh, Santa Patriarca!, yo también quiero dedicarme a vuestro servicio. Mandadme lo que queráis, pues espero obedeceros en todo, buscando solamente la gloria de Dios y mipropia santificación.

Jaculatoria. Haced, San José gloriosísimo, que siempre sirva yo fielmente aJesús, a María y a Vos.

Se lee la Oración a San José para todos los días

Visita 7ª

Se lee la Oración preparatoria para todos los días
Este nuestro amoroso Pastor, que dio la vida por nosotros,
sus ovejas, no quiso ni aun muriendo separarse de otros.
Aquíestoy -dice-, ovejuelas amadas, siempre con vosotras;
por vosotras me quedé en este Sacramento, aquí me
hallaréis, siempre que quisiereis, para auxiliaros y consolaros
con mi presencia. No os dejaré hasta el fin del mundo,
mientras permanezcáis en la tierra.

"Deseaba el Esposo -dice San Pedro de Alcántara-
dejar a su Esposa en esta larga ausencia alguna compañía para
que no quedara sola, y por eso instituyó este Sacramento, enel
cual se quedó Él mismo, que era mejor compañía que podía
dejarle."

Benignísimo Señor, amabilísimo Salvador mío, aquí
estoy ante este altar, visitando en este día; mas Vos me
pagáis esta visita con amor infinito, cuando venís a mi alma
en la Santa Comunión.
Entonces no sólo os manifestáis a mi, sino que os
hacéis mi alimento, y todo os entregáis y unís a mi alma; de
suerte que puedo con verdad decir: Ahora, mi buen Jesús,
sois todo mío.

Pues, Señor, ya que os entregáis del todo a mí, razón
es que yo me entregue enteramente a Vos...Soy un vil
gusanillo de la tierra, y Vos el Rey del universo... ¡Oh, Dios
de amor; oh amor de mi alma! ¿Cuándo lograré verme del
todo vuestro, no sólo en palabras, sino también en obras? Vos

podéis hacerlo.

Acrecentadme la confianza, por los méritos de vuestra sangre, a fin de que obtengaseguramente de Vos la gracia de verme, antes de la muerte, todo vuestro y nada mío.

Deseo amaros con todas mis fuerzas y obedeceros en cuanto queráis. Sin interés, sinconsolación, sin premio. Quiero serviros sólo por amor, sólo por agradaros, sólo por complacer a vuestro Corazón, tan apasionadamente enamorado de mí.

Amaros será mi premio. Oh, Hijo amado del Eterno Padre, tomad mi libertad, mi voluntad, todas mis cosas, y a mí mismo enteramente, y daos a mí. Os amo y os busco, porVos suspiro; os quiero, os quiero, os quiero.

Jaculatoria. Jesús mío, hacedme todo vuestro.

Se lee el Acto para la Comunión espiritual para todos los días Visita a MaríaSantísima

Amabilísima Señora: la Iglesia toda os saluda y llama *esperanza nuestra.* Y puestoque sois la esperanza de todos, sed también la esperanza mía. San Bernardo os llamaba: *Toda la razón de su esperanza,* y decía: *Espere en ti el que desespera.* Así también quiero decir yo, Madre mía; ya que hasta a los desesperados salváis, en Vos pongo toda mi esperanza.

Jaculatoria. María, Madre de Dios, rogad a Jesús por mí.

Se lee la Oración a María Santísima para todos los días Visita al Patriarca San José

SI bien San José no tuvo en la tierra la formal autoridad de un verdadero padre sobre la Humanidad sacrosanta de Jesucristo, la tuvo al menos en algún modo como legítimo Esposo de María, Madre natural del Salvador. Principalmente quiso el Señor quela Virgen se desposase con el Santo Patriarca, para que éste protegiera su honor y alimentase a su divino Hijo.

Yo venero en vos, admirable San José, la persona escogida por el Espíritu Santo,que quiso confiaros a su Esposa inmaculada, dándoosla por compañera. ¡Oh, castísimo Esposo de María y Padre adoptivo de Jesús!, recomendad a entrambos eficazmente mi alma, y alcanzadme la gracia que más necesito.

Jaculatoria. San José, amparadme

ahora y en la hora de mi muerteSe lee

la Oración a San José para todos los

días

Visita 8ª

Se lee la Oración preparatoria para todos los días A cualquier alma que visita a Jesús en el Santísimo Sacramento, le dice el Señor las palabras que dijo a la Sagrada Esposa: *Levántate, date prisa, amiga mía, hermosa mía, y ven.* Alma que me visitas, *levántate* de tus miserias que aquí estoy yo para enriquecerte de gracias. *Date prisa*, llégate cerca de mí, sin temer mi Majestad, que se humilla en este Sacramento para quitarte el temor y darte confianza. *Amiga mía*: ya no eres mi enemiga, sino mi amiga, porque me amas y yo te amo. *Hermosa mía*: la gracia te hermosea. Y ven, ven acá; abrázate conmigo ypídeme lo que quieras con suma confianza.

Decía Santa Teresa que este gran Rey de la Gloria se ha ocultado bajo las especiesde pan en el Sacramento y ha cubierto su Majestad, para animarnos a llegar con más confianza a su divino Corazón.

Acerquémonos, pues, a Jesús con gran confianza y afecto; unámonos con ÉL ypidámosle mercedes.

¡Cuál debe ser mi gozo, oh Verbo eterno hecho hombre y Sacramento por mí, sabiendo que estoy delante de Vos, que sois mi Dios, Majestad infinita, infinita bondad, que tanto amor tenéis a mi alma! ¡Almas que amáis a Dios, dondequiera que estéis, en el Cielo o en la tierra, amadle también por mí! María, madre mía, ayudadme a amarle; y Vos,Señor amadísimo, sed el único objeto de todos mis amores. Imperad en mi voluntad y poseedme por entero.

Os consagro mi entendimiento, para que piense siempre en vuestra bondad; os consagro mi cuerpo, para que me ayude a complaceros; os consagro mi alma, para que seaenteramente vuestra. Quisiera, amado de mi alma, que todos los hombres conociesen el tierno amor que les tenéis, a fin de que todos viviesen sólo para honraros y complaceros, como deseáis y merecéis. Viva yo a lo menos siempre enamorado de vuestra belleza infinita.

De hoy en adelante quiero hacer cuanto pueda para agradaros.

Propongo abandonar cualquier cosa que entienda no ser de vuestro gusto, por mucho trabajo que me cueste, aunque hubiese de perderlo todo, hasta la vida. ¡Dichoso yo si lo perdiese todo para ganaros a Vos, Dios mío!

Jaculatoria. Jesús, amor mío, acogedme y poseedme del todo.

Se lee el Acto para la Comunión espiritual para todos los días Visita a MaríaSantísima

María llama a todos los pequeñuelos que necesitan madre, para que recurran a Ella como a la más amorosa de las madres. Dice el devoto P. Nieremberg que el amor de todas las madres es una sombra en comparación del amor que tiene María a cada uno de nosotros.
¡Madre mía, Madre de mi alma, que me amáis y deseáis mi salvación más que nadiedespués de Dios... *mostrad que sois Madre!*

Jaculatoria. ¡Madre mía, haced que siempre me acuerde de Vos!

Se lee la Oración a María Santísima para todos los días Visita al Patriarca San José

No sé -decía Santa Teresa- cómo se puede pensar en la Reina de los Ángeles, en losaños que pasó con el Niño Jesús, sin dar gracias a San José por lo bien que les ayudó en ellos." Sí, porque el Santo Patriarca estuvo siempre al lado de María para asistirla y ayudarla en todas sus necesidades, así en Nazaret, como en todas partes.

¡Oh, bienaventurado San José!: por aquel mutuo amor que siempre reinó entre Vos y vuestra santísima Esposa María, alcanzadme la gracia de servirla fielmente; de honrarla yamarla con todas mis fuerzas; amadla Vos, bendecidla y glorificadla por mí, a fin de que por vuestro medio se le tribute el culto que se le debe y yo no puedo dignamente darle.

Jaculatoria. Concededme, San José celosísimo, que honre y sirva a Jesús y aMaría como Vos los servisteis y honrasteis.

Se lee la Oración a San José para todos los días

Visita 9ª

Se lee la Oración preparatoria para todos los días Vio San Juan en el

Apocalipsis al Señor, ceñidos los pechos y sostenidos con una faja de oro. No de otra suerteaparece Jesús en el Santísimo Sacramento del Altar, con sus pechos henchidos en la mísitica leche de las gracias que en su misericordia anhela dispensarnos; y desde allí, cual una madre que, al sentir lleno el pecho, vese precisada a buscar pequeñuelos a quien darlo para que le alivien de su plenitud, así Él nos busca y nos invita diciéndonos: *Traídos seréis a mis pechos. "Ad úbera portabímini."*

El V. P. Baltasar Álvarez vio que Jesús estaba en el Sacramento con las manos llenas de gracias buscando a quien dispensarlas. Y Santa Catalina de Siena, siempre que seacercaba al Santísimo Sacramento, llegábase con aquella prisa y ansia amorosa con que un niño se acerca al pecho de su madre.

¡Oh, amadísimo Unigénito del Eterno Padre!, conozco que sois el objeto más dignode ser amado; deseo amaros cuanto merecéis, o, a lo menos, cuanto puede un alma desear amaros. Harto comprendo que yo, traidor y rebeldísimo a vuestro amor, ni merezco estar cerca de Vos, como estoy a hora en esta iglesia; pero sé también que Vos buscáis mi amor, y sé que me decís: *Hijo mío, dame tu corazón. Amarás al Señor tu Dios con todo tu corazón.*

Conozco que me habéis conservado la vida y no me habéis precipitado en el infierno para que me convierta enteramente a vuestro amor. Y pues aún queréis ser amado de mí, aquí me tenéis, Dios mío, a Vos me rindo, a Vos me entrego, ¡oh Dios!, que sois todo bondad y amor. Os elijo por único Rey y Señor de mi pobre corazón; Vos lo queréis yyo quiero dároslo; frío es y asqueroso, pero si le aceptáis, Vos le mudaréis.

Mudadme, Señor mío, mudadme; no quiero vivir como en lo pasado, tan ingrato y tan poco amante para vuestra bondad infinita, que tanto me ama y merece infinito amor. Haced que, de hoy en adelante compense todo el amor que he dejado de teneros en la vidapasada.

Jaculatoria. ¡Dios mío, Dios mío!, quiero amaros, quiero amaros...

Se lee el Acto para la Comunión espiritual para todos los días Visita a MaríaSantísima

Del todo semejante a su Hijo Jesús, es su Madre María, que, siendo Madre de Misericordia, no goza sino cuando socorre y consuela a los miserables. Y es tan grande eldeseo que tiene esta Madre de dispensar gracias a todos, que, como dice el devoto Bernardino de Bustos, *más desea ella darte bienes y concederte gracias, que tú deseas recibirlos.*

Jaculatoria. ¡Esperanza nuestra, salve!

Se lee la Oración a María Santísima para todos los días Visita al Patriarca San
José

Toma al Niño." Estas palabras del Ángel dirigidas a San José, parecen ser la aplicación del verso 14 del salmo 10: *A tu cuidado se ha dejado el pobre.* "José -dice Dios-, yo he enviado a mi Hijo a la tierra y le he enviado en traje pobre y humilde, sin ningún esplendor aparente de riqueza ni de nobleza; por esto será despreciado en el mundo,y será llamado hijo de artesano. A tu cuidado he dejado el pobre: cuídale y séme fiel."

¡Oh, afortunado Patriarca, alcanzadme que prefiera despreciar todos los honores yanteponga la pobreza a toda riqueza terrena!

Jaculatoria. Aprended de mí, que soy

manso y humilde corazón.Se lee la

Oración a San José para todos los

días

V i s i t a 1 0 ª

Se lee la Oración preparatoria para todos los días Oh, insensatos mundanos!
-dice San Agustín-; desdichados, ¿adónde vais para satisfacer vuestro corazón? Venid a Jesús , que sólo Él puede daros el contento que buscáis." Alma mía, no seas tú tan insensata; busca sólo a Dios, *busca el bien en el que están todos los bienes,* como dice el mismo Santo. Y si quieres hallarle pronto, aquí le tienes cerca de ti; dile lo que deseas, puesestá en el Sagrario para oírte y consolarte.

No todos, dice Santa Teresa, consiguen hablar al rey; lo más que algunos logran es hablarle por medio de tercera persona. Mas para hablar con Vos, oh Rey de la Gloria, no se necesitan mediadores: todos os hallan siempre dispuesto a darles audiencia en el Sacramento del altar. Cualquiera que os desea os halla siempre aquí y os habla familiarmente. Llegar a la persona del rey y hablarle cara a cara , puesto que alguno lo consigue, ¿qué de diligencias no supone? Porque los reyes de la tierra dan audiencia pocas veces al año. Pero Vos, en este Sacramento, siempre que nosotros queremos, nos dais audiencia, lo mismo de noche que de día.

¡Oh, Sacramento de amor, que ya dándoos en la Comunión, ya permaneciendo en los altares, sabéis, con los dulces hechizos de vuestro amor, atraer a tantos corazones que enamorados de Vos, pasmados por tanta bondad, arden felicísimos en vuestro amor y piensan siempre en Vos!: atraed también este miserable corazón mío, que desea amaros, yvivir esclavo de vuestro amor.

Por mi parte entrego, de hoy en adelante, en manos de vuestra bondad, todos mis intereses, todos mis afectos y esperanzas, mi alma y mi cuerpo y todo mi ser. Aceptadme, Señor, y disponed de mí como os agrade. No quiero, no quejarme más de vuestras santas disposiciones; pues sé que, procediendo de vuestro amoroso Corazón, amorosas y para mibien han de ser todas ellas.

Bástame que las queráis Vos, para quererlas yo también en el tiempo y en la eternidad. Haced en mí y de mí cuanto queráis; únome enteramente a vuestra voluntad, quees soberanamente buena, y bella, y perfecta, y amable. ¡Oh, voluntad de mi Dios, cuan agradable eres para mí! Quiero vivir siempre y morir unido y sujeto a ti. Tu gusto es migusto; y quiero que tus deseos sean mis deseos.

Dios mío, Dios mío, ayudadme; haced que desde hoy viva sólo para Vos, sólo para querer lo que queráis sólo para amar vuestra amable voluntad. Muera yo por vuestro amor, ya que Vos moristeis por mí, y por mí os hicisteis alimento del alma.

Maldigo aquellos días en que hice mi voluntad con tanto disgusto vuestro. Os amo, ¡oh, voluntad de Dios!, cuanto amo a Dios, puesto que sois Dios mismo. Os amo con todomi corazón, y a Vos me entrego sin reserva.

Jaculatoria. ¡Oh, voluntad de Dios, tú eres mi único amor!

Se lee el Acto para la Comunión espiritual para todos los días Visita a MaríaSantísima

Dice la excelsa Reina de los Cielos: *En mi mano están las riquezas...para enriquecer a los que me aman.* Amemos, pues, a María, si queremos ser ricos en gracias. El Idiota la llama *Tesorera de las gracias.* ¡Bienaventurado el que con amor y confianza recurre a María!

Jaculatoria. Madre amable, ruega por mí.

Se lee la Oración a María

Santísima para todos los días

Visita al Patriarca San José

Dios constituyó a San José jefe y cabeza de la Sagrada Familia de Nazaret, reducidaen número, pero grande por la altísima dignidad de los personajes que la componían. En aquella casa José manda, y el divino Hijo obedece. Esta sujeción de Jesucristo, a la vez nos demuestra su incomparable humildad y la gran dignidad de José, superior a la de todos los demás Santos, si se exceptúa a la divina Madre.

Recibidme, ¡oh, excelso Patriarca!, en el número de vuestros siervos, y mandadmesegún os plazca, que yo procuraré obedeceros prontamente.

Jaculatoria. San José, tutor y custodio de la

Sagrada Familia, orad por mí.Se lee la Oración

a San José para todos los días

Visita 11ª

Se lee la Oración preparatoria para todos los días
Procuremos no apartarnos
-dice Santa Teresa- ni perder de vista a nuestro a amado Pastor Jesús, porque las ovejas queestán cerca de su pastor son siempre las más atendidas y regaladas, siempre reciben algún

particular bocadillo de lo que él mismo come. Y si acaeciere que el pastor duerme, la ovejuela no se aparta de él hasta que se despierta, o le despierta ella misma con sus balidos, para ser entonces de nuevo objeto de sus caricias y regalos.

Redentor mío Sacramentado, aquí estoy cerca de Vos, y no quiero otro regalo que el fervor y perseverancia en vuestro amor.

Gracias te doy, ¡oh, santa fe!, porque me enseñas y aseguras que en el divino Sacramento del Altar, en aquel Pan celestial, no hay pan, sino que allí está realmente mi Señor Jesucristo, y que está por mi amor. Señor mío y todo mi bien, creo que estáis presente en el Santísimo Sacramento; y aunque desconocido a los ojos de la carne, os reconozco con la luz de la fe, en la Hostia consagrada, por Monarca del Cielo y de la tierra, y Salvador del mundo. ¡Ah, dulcísimo Jesús mío!, así como sois mi esperanza, mi salvación, mi fortaleza y mi consuelo, quiero que seáis también mi exclusivo amor y el único blanco de todos mis pensamientos, deseos y afectos. Más me complazco en la suma felicidad de que gozáis y gozaréis eternamente, que de todo el bien que yo pudiera alcanzar en el tiempo y en la eternidad.

Mi mayor contento es saber que Vos, amado Redentor mío, sois plenamente dichoso y que vuestra felicidad es infinita. Reinad, reinad, Señor mío, en toda mi alma; os la entrego sin reserva, para que siempre la poseáis. Sean mi voluntad, mis sentidos y mis potencias esclavos de vuestro amor, y no me sirvan en este mundo más que para daros gusto y gloria.

Esta fue vuestra vida, ¡oh, primera Amante y Madre de mi Jesús, María Santísima!
Ayudadme, Señor, y alcanzadme que en lo porvenir viva tan eternamente feliz en Dios,como Vos vivisteis.

Jaculatoria. Jesús mío, sea yo todo vuestro, y Vos todo mío.

Se lee el Acto para la Comunión espiritual para todos los días Visita a MaríaSantísima

Bienaventurado *el que vela ante mis puertas todos los días y aguarda a los umbrales de mi casa...* ¡Dichoso el que, como los pobres que están a las puertas de los ricos, pide solícito limosna ante las puertas de la misericordia de María; y más dichoso aúnel que procura imitar las virtudes que en María considera, y especialmente su pureza y humildad.

Jaculatoria. Socórreme esperanza mía.

Se lee la Oración a María Santísima para todos los días Visita al Patriarca San
José

Escribe San Bernardo que José fue aquel siervo fiel y prudente, escogido para ser nosólo el apoyo de la Madre de Dios y del mismo Jesucristo, sino también el fidelísimo cooperador del gran consejo. La salvación de los hombres, la redención del mundo, fue, en efecto, la obra del gran consejo de las tres Personas de la Santísima Trinidad; y José fueelegido para cooperar en cierto modo a esta obra divina.

Protector mío San José, os ruego humildemente que me hagáis, como Vos, diligentey fiel en el cumplimiento de los deberes de mi estado.

Jaculatoria. San José

bendito, guiadme al

Cielo.Se lee la

Oración a San José

para todos los días

Visita 12ª

Se lee la Oración preparatoria para todos los días Quien ama a Jesús, está con Jesús, y Jesús está con él." Cuando San Felipe Neri comulgó por Viático, al ver entrar el Santísimo Sacramento, exclamó: *Aquí está el amor mío, aquí está el amor mío.* Diga, pues, cada uno de nosotros en presencia de Jesús Sacramentado: Aquí está el amor mío; éste es y será el blanco de mis amores, durante toda mi vida, por toda la eternidad.

Vos, Señor y Dios mío, dijisteis en el Evangelio, que

quien os ame será amado deVos más que otra cosa.

Venid, y asentad vuestra habitación en la pobre casa de mi alma, de tal suerte, que nunca os apartéis de mí; o, por mejor decir, que jamás os despida yo a Vos. Vos nunca os ausentáis si no sois despedido. Mas así como os arrojé de mí en lo pasado, temo me vuelvaa suceder tamaña desgracia en lo venidero.

¡Ah! No permitáis que acaezca en el mundo esta nueva maldad y horrenda ingratitud: que yo singularmente favorecido de Vos con tantas gracias, llegue a echaros otra vez fuera de mi alma. Mas ¡ay! Que puede suceder...Por eso, Señor, prefiero la muerte, si esde vuestro agrado, para que muriendo unido con Vos, con Vos viva eternamente.

Sí, Jesús mío, así lo espero. Os abrazo y estrecho en mi pobre corazón; haced quesiempre os ame, y siempre sea amado de Vos.

Sí, Redentor mío amabilísimo, siempre os amaré, y siempre me amaréis. Espero quenos amaremos siempre, ¡oh, Dios de mi alma!, por toda la eternidad.

Jaculatoria. Jesús mío, quiero siempre amaros y ser amado de Vos.

Se lee el Acto para la Comunión espiritual para todos los días Visita a MaríaSantísima

Los que se guían por mí, no pecarán." El que se ocupe en obsequiarme -dice María-alcanzará la perseverancia. *Los que me esclarecen tendrán la vida eterna;* y los que trabajan en hacer que los demás me conozcan y amen.

Promete hablar siempre que puedas, pública o privadamente, de las glorias y de ladevoción de María.

Jaculatoria.- ¡Dignaos recibir mis alabanzas, Virgen sagrada!

Se lee la Oración a María Santísima para todos los días Visita al Patriarca San José

San José es llamado en el Evangelio hombre justo, hombre perfecto, que posee todas las virtudes. Poseía, por consiguiente, José, fe viva, esperanza firme, caridad ardiente para con Dios y el prójimo, humildad profundísima, y todas las demás virtudes.

¡Oh, gran Santo, modelo perfectísimo de jsuticia y santidad!, dignaos alcanzarmelas virtudes que poseísteis Vos en tan alto grado, y sobre todo un amor ardientísimo a Jesucristo y a su santísima Madre.

Jaculatoria. Guiadme, santo Esposo de María,

por la senda de la perfección.Se lee la Oración a

San José para todos los días

Visita 13ª

Se lee la Oración preparatoria para todos los días

Mis ojos y mi corazón estarán ahí todos los días." He aquí cómo Jesús cumple esta su hermosísima promesa en el Sacramento del Altar, donde con nosotros se halla de noche y de día.

Pudiera, Señor mío, bastaros es estar en el Sacramento sólo de día, cuando tuvieseisen vuestra presencia adoradores que os acompañasen; mas ¿de qué os sirve permanecer ahí también por la noche, en la cual los hombres cierran las iglesias y se retiran a sus casas dejándoos enteramente solo?

Pero ya os entiendo; el amor os hizo prisionero nuestro; el amor apasionado que nostenéis, os unió a este mundo, de tal suerte, que ni de noche ni de día os consiente apartaros de nosotros.

¡Ah, Salvador amabilísimo! Sólo esta fineza de amor debiera obligar a todos los hombres a acompañaros siempre en el santo Sagrario, hasta que por fuerza los echasen deallí; y al ausentarse, deberían dejar al pie del altar su corazón y todos sus afectos en obsequio del Dios humanado que permanece solo y oculto en el Tabernáculo, hecho todo ojos para mirarnos y remediar nuestras necesidades, y todo corazón, para amarnos, y esperando el próximo día, en que las almas, sus amadas, vayan a visitarle.

Sí, Jesús mío, contentaros quiero. Os consagro toda mi voluntad y todos mis afectos. ¡Oh, Majestad infinita de mi Dios!, os quedasteis en este divino Sacramento, nosólo para estar presente y próximo a nosotros, sino principalmente para comunicarnos a vuestras almas predilectas.

Mas, Señor, ¿quién se atreverá a acercarse a vuestra mesa y alimentarse de vuestro cuerpo?... O, más bien, ¿quién podrá alejarse de Vos?... Os ocultáis en la Hostia consagrada, para entrar dentro de nosotros. Ardéis en deseos de que os recibamos, y gustáisde uniros a nosotros.

Venid, pues, Jesús mío, venid; deseo recibiros dentro de mí, para que seáis el Dios de mi corazón y de mi voluntad. Cuanto es de mi parte, Redentor mío amabilísimo, ceda a vuestro amor: satisfacciones, placeres, voluntad propia..., todo os lo sacrifico.

Os amo, Dios mío, os amo, y por siempre a Vos sólo quiero amar.

Jaculatoria.- Atraedme con los lazos de vuetro amor.

Se lee el Acto para la Comunión espiritual para todos los días Visita a MaríaSantísima

Nos exhorta San Bernardo a que *busquemos la gracia y a que la busquemos por medio de María*. Ella es - dice San Pedro Damián-el tesoro de las gracias divinas; puede enriquecernos y quiere enriquecernos. Por eso nos invita y llama ella misma: *Quien sea pequeñuelo, véngase a mí*. Señora amabilísima, Señora nobilísima, Señora benignísima, mirad a un pobre pecador, que a Vos se encomienda y en Vos enteramente confía.

Se lee la Oración a María Santísima para todos los días Visita al Patriarca San

José

Jaculatoria. Apartad de mí, San José purísimo,

las tentaciones de impureza. Se lee la Oración a

San José para todos los días

Visita 14ª

Se lee la Oración preparatoria para todos los días Amabilísimo Jesús, oigo que desde el Sagrario en que estáis, nos decís: *Este es mi descanso para siempre; aquí tendré mi habitación, pues la escogí.* Pues si Vos escogisteis vuestra morada en el Altar, quedándoos con nosotros en el Santísimo Sacramento, y por el amor que nos tenéis halláis aquí vuestro reposo, razón es también que nuestros corazones habiten siempre con Vos poramor, y tengan aquí todas sus delicias y descanso.

¡Felices vosotras, almas amantes, que no halláis en el mundo más grato reposo que el estar cerca de vuestro Jesús Sacramentado! ¡Y dichoso yo, Señor mío, si de hoy en adelante no tuviese delicia mayor que permanecer en vuestra presencia, o pensar siempre enVos, que en el Santísimo Sacramento siempre estáis pensando en mí y en mi bien!

¡Ah, Señor mío!, ¿por qué perdí tantos años en que no os amaba?

Años míos infelices, os maldigo y bendigo a Vos, ¡oh paciencia infinita de miDios!, que tanto tiempo me habéis sufrido, siendo, como era, ingrato a vuestro amor.

Mas con ser tan ingrato me esperasteis...¿Por qué, Dios mío, por qué? Para que vencido algún día de vuestro amor y misericordia, me entregase del todo a Vos. No quiero, Señor, resistir más; no quiero más ser desagradecido.

Justo es que os consagre a lo menos este tiempo (poco o mucho) que me resta de vida. Espero, Señor, que me ayudaréis para ser enteramente vuestro. Si me favorecisteis cuando de Vos huía y despreciaba vuestro amor, ¿cuánto más me favoreceréis ahora, que osbusco y deseo amaros? Dadme pues, la gracia de amaros, ¡oh, Dios digno de infinito amor!

Os amo con todo mi corazón, os amo sobre todas las cosas, os amo más que a mi mismo, más que a mi vida. Me arrepiento de haberos ofendido, bondad infinita; perdonadme, y junto con el perdon, concededme la gracia de que os ame hasta la muerte enesta vida, y por toda la eternidad en la otra.

Mostrad con vuestro poder, ¡oh, Dios omnipotente!, este prodigio en el mundo: queun alma tan ingrata como la mía se transforme en una de las más amantes vuestras. Otorgádmelo por vuestros merecimientos, Jesús mío. Así lo deseo; así propongo practicarlotoda mi vida; y Vos, que me inspiráis este deseo, dadme fuerzas para cumplirlo.

Jaculatoria. Gracias os doy, Jesús mío, por

haberme esperado hasta ahora. Se lee el Acto

para la Comunión espiritual para todos los días

Visita a María
Santísima

Nadie se salva -dice San Germán, hablando con María Santísima-sino por Vos; nadie se libra de sus males sino por Vos; a nadie se conceden gracias sino por vuestra intercesión." De suerte, Señora y esperanza mía, que si no me ayudáis, perdido soy; y no podré llegar a bendeciros en la Gloria. Pero creo, Señora, lo que dicen los Santos, que no abandonáis a quien recurre a Vos; y que sólo se pierde quien a Vos no acude. Yo miserable,recurro a Vos, y en Vos pongo todas mis esperanzas.

Jaculatoria. Esta es mi confianza, ésta la razón toda de la esperanza mía *(SanBernardo)*.

Se lee la Oración a María Santísima para todos los días Visita al Patriarca San
José

Si la voz de María bastó para santificar al Bautista y llenar del Espíritu Santo a Isabel, ¿a qué santidad tan elevada no subiría la bellísima alma de José, conversando por espacio de tantos años con la Madre Dios? Y si María es la dispensadora de todas las gracias que Dios concede a los hombres, ¿con cuánta profusión no enriquecería de ellas asu castísimo Esposo?

49

Amado San José, Vos que fuisteis tan distinguido y privilegiado en la participación de las grandezas de María, alcanzadme que también yo conozca sus virtudes para imitarlas y sus esclarecidos privilegios para honrarla y amarla con todas mis fuerzas.

Jaculatoria. Alcanzadme la gracia de amar, servir

e imitar a María Santísima. Se lee la Oración a San

José para todos los días

Visita 15ª

Se lee la Oración preparatoria para todos los días Decía el V. P. Francisco Olimpo, Teatino, no haber cosa en la tierra que más vivamente encienda el fuego del divinoamor en los corazones de los hombres que el Santísimo Sacramento del Altar.

Por eso el Señor se mostró a Santa Catalina de Siena, en el Santísimo Sacramento, como una hoguera de amor, de la cual salían torrentes de divinas llamas, que se esparcían por toda la tierra; quedando atónita la Santa al considerar cómo podían los hombres vivir sin abrasarse de amor en medio de tanto amor divino para con ellos.

Jesús mío haced que arda por Vos; haced que no piense, ni suspire, ni desee, ni busque cosa laguna fuera de Vos. ¡Dichoso yo si este vuestro santo fuego me inflamase, y, el paso que se fuesen consumiendo mis años, fueran felizmente destruyéndose en mí todoslos afectos terrenos!

¡Oh, Verbo divino; oh, Jesús mío!, os veo enteramente sacrificado, aniquilado ydestruido por mi amor en ese Altar.

Justo es, pues, que así como Vos, víctima de amor, os sacrificáis por mí, yo del todome consagré a Vos. Sí, Dios mío y supremo Señor, os sacrifico hoy toda mi alma, toda mi voluntad, mi vida toda y a mí mismo.

Uno este mi pobre sacrificio con el sacrificio infinito que de sí mismo os hizo, ¡oh,Eterno Padre!, vuestro Hijo Jesús, Salvador mío, una vez en el ara de la Cruz, y que tantas veces os renueva diariamente en los altares. Aceptadlo, pues, por los méritos de Jesús, y dadme gracia para repetirlo todos los días de mi vida, y para morir sacrificándome enteramente por honra vuestra.

Deseo la gracia, a tantos mártires concedida, de morir por vuestro amor. Mas, si no soy digno de tal merced, concededme a lo menos que os sacrifique mi vida, con toda mi voluntad, abrazando la muerte que de Vos me fuere enviada. Señor, anhelo esta gracia; quiero morir con la voluntad de honraros y complaceros, y desde ahora os sacrifico mi vida,y os ofrezco mi muerte, sea cual fuere y cuando quiera que venga.

Jaculatoria. Oh Corazón de mi amable Salvador, haced que arda y siemprecrezca en mí vuestro amor.

Se lee el Acto para la Comunión espiritual para todos los días Visita a MaríaSantísima

Permetidme, dulcísima Señora mía, que os llame con vuestro San Bernardo: *Toda la razón de mi esperanza*, y que os diga con San Juan Damasceno: *En Vos he puesto toda mi confianza*. Vos me alcanzaréis el perdón de mis pecados, la perseverancia hasta la muerte, yel ser libertado del Purgatorio. Todos cuantos se salvan obtienen por Vos la salvación: de suerte que Vos, ¡oh María!, me habéis de salvar . *Quien tú quisieres, se salvará.* Quered, pues, salvarme y me salvaré; y como Vos salváis a todos los que os invocan, os invocaré diciendo:

Jaculatoria. ¡Oh, salvación de los que os invocan, salvadme! *(SanBuenaventura)*.

Se lee la Oración a María Santísima para todos los días Visita al Patriarca San
José

Pasó José -dice San Lucas (2, 4)- desde Nazaret a la ciudad de David, llamada Belén; y María dio a luz a su Hijo unigénito, y le envolvió en pañales, y le acostó en un pesebre." Considera aquí la pena de José aquella noche en que nació el Verbo encarnado,viéndose, con María, echados de Belén, y obligados a guarecerse en un establo.

¡Oh, Santo Patriarca!, por la aflicción que experimentasteis viendo al recién nacidoNiño tan pobre, sin fuego y sin abrigo, os ruego que me alcancéis un verdadero dolor de mis pecados, con los cuales fui, or mi desgracia, causa de las lágrimas y de los padecimientos de Jesús.

Jaculatoria. Haced, Santo mío, que imite

la pobreza del Niño Jesús.Se lee la

Oración a San José para todos los días

Visita 16ª

Se lee la Oración preparatoria para todos los días
Oh, si los hombres recurriesen siempre al Santísimo
Sacramento, para buscar remedio a sus males! Por cierto que
no serían tan miserables como son. Lloraba Jeremías,
diciendo: *¿Acaso no hay resina (o bálsamo) en Galaad; o no
hay aquí médico?* Galaad, monte de la Arabia, rico en
ungüentos aromáticos, es, como nota Beda, figura de
Jesucristo, el cual tiene dispuestos en este Sacramento todos
los remedios de nuestros males.

¿Por qué, pues, hijos de Adán (parece que nos dice el
Redentor), os quejáis de vuestros males, cuando tenéis en este
Sacramento el médico y el remedio de todos ellos?*Venid a Mí
todos...y yo os aliviaré.*

Diré, pues, con las hermanas de Lázaro: *Ved que está
enfermo el que amáis.* Señor,

yo soy aquel miserable a quien amáis; tengo el alma llena de llagas, por los pecados que he cometido. Vengo a Vos, divino médico mío, a que me sanéis; y si queréis, podéis sanarme. *Sanad, pues, mi alma; porque pequé contra Vos.*

Atraedme del todo a Vos, Jesús mío dulcísimo, con los amabilísimos atractivos de vuestro amor. En más estimo estar unido a Vos, que ser dueño de toda la tierra, y no deseo en este mundo otra cosa que amaros. Poco tengo que ofreceros; pero si pudiese poseer todos los reinos del mundo, quisiéralos solamente para renunciarlos todos por amor vuestro.

Os entrego, pues, cuanto poseo: parientes, comodidades, gustos y hasta los consuelos espirituales; os entrego mi libertad y mi voluntad. Quiero daros todo mi amor. Osamo, bondad infinita, os amo más que a mí mismo, y espero amaros eternamente.

Jaculatoria. Jesús mío, me entrego a Vos; recibidme.

Se lee el Acto para la Comunión espiritual para todos los días Visita a MaríaSantísima

Dijisteis Señora mía, a Santa Brígida: *Si el hombre verdaderamente arrepentido decuanto hubiere pecado se vuelve a mí, yo estoy pronta a acogerle. No miro la multitud de sus culpas, sino el espíritu con que viene: ni me desdeño de curar y sanar sus llagas; porque me llaman, y soy verdaderamente, Madre de misericordia.* Y ya que podéis y deseáis sanarme, A vos recurro, celestial Remediadora: sanad las llagas de mi alma.

Jaculatoria. ¡Oh, María, tened piedad de mí!

Se lee la Oración a María Santísima para todos los días Visita al Patriarca San
José

Considera cuál fue el amor y la ternura de José al mirar con sus propios ojos al Hijode Dios hecho Niño, oyendo al mismo tiempo a los ángeles, que cantaban alrededor de su recién nacido Señor.

Afortunado Patriarca, por aquel consuelo que experimentasteis al ver por vez primera a Jesús Niño tan bello y graciosos, alcanzadme la dicha de que yo también le amecon vivo amor en la tierra, para ir después un día a gozar con Él en el Paraíso.

Jaculatoria. Concededme, bendito José,

constante amor a Jesús y a María.Se lee la

Oración a San José para todos los días

V i s i t a 1 7ª

Se lee la Oración preparatoria para todos los días No saben la almas amantes

55

hallar mayor contento que estar en presencia de las personas que aman. Si amamos, pues, mucho a Jesucristo, estemos aquí en su presencia. Jesús en el Sacramento nos ve y nos oye, ¿y no le diremos nada?

Consolémonos con su compañía; gocémonos de su gloria y del amor que le tienen tantas almas enamoradas del Santísimo Sacramento; deseemos que todos amen a Jesús Sacramentado y le consagren sus corazones; consagrémosle siquiera nosotros todo nuestroafecto, y sea Él nuestro único amor, nuestro deseo único.

El P. Salesio, de la Compañía de Jesús, sentíase consoladísimo sólo al oír hablar delSantísmo Sacramento, y nunca se saciaba de visitarle; si le llamaban a la portería, si volvía a su aposento, si andaba por la casa, procuraba siempre con tales ocasiones menudear las visitas a su amado Señor; y así se notó que apenas pasaba hora del día en que no visitase, mereciendo en fin morir a manos de los herejes en defensa de la verdad del Sacramento.

¡Oh, si yo tuviese también la dicha de morir por tan hermosa causa como es defender la verdad de este misterio, por el cual, amabilísimo Jesús, nos disteis a conocer el tiernísimo amor que nos profesabais! Pues ya que Vos, Señor mío, tantos milagros hacéis en este Sacramento, haced todavía otro prodigio más, atrayéndome del todo a Vos.

Me queréis enteramente para Vos, y bien lo merecéis. Dadme, pues, fuerzas paraamaros con todo mi afecto. Los bienes del mundo dadlos a quien os plazca, que yo los renuncio todos. Lo que quiero, y por lo que únicamente suspiro, es por vuestro amor.

Esto solo os pido y siempre os lo pediré. Os amo, Jesús mío; que así sea siempre.

Jaculatoria. Jesús mío, ¿cuándo os amaré de veras?

Se lee el Acto para la Comunión espiritual para todos los días Visita a MaríaSantísima

Cuánto me complace, Reina mía dulcísima, este hermoso nombre con que os invocan vuestros devotos: *Mater amábilis!* Porque Vos, Señora mía, sois sumamente amable y por vuestra hermosura se enamoró de Vos el mismo Señor vuestro: *El Rey deseó tu belleza.* Dice San Buenaventura que vuestro nombre es tan amable para los que os aman,que sólo al pronunciarle u oírle pronunciar, sienten que se inflama y acrecienta en ellos el deseo de amaros. *¡Oh dulce!, ¡oh piadosa!, ¡oh amabilísima María! ¡No es posible nombraros sin que se encienda y recree el afecto de quien os ama!*

Justo es, pues, Madre mía amabilísima, que os ame yo. Mas no me contento sólo con amaros, sino que deseo, ahora en la tierra y después en el Cielo, ser, después de Dios, el que más os ame. Y si tal deseo es harto atrevido, cúlpese a vuestra amabilidad, y al especial amor que me habéis demostrado; que si fueseis menos amable, menos desearía yoamaros.

Aceptad, pues, ¡oh Señora!, este mi deseo. Y como prueba de uqe lo aceptáis, alcanzadme de Dios este amor que os pido, ya que tanto complace a Dios el amor que todosos tenemos.

Jaculatoria. ¡Madre mía amabilísima, os amo mucho!

Se lee la Oración a María Santísima para todos los días Visita al Patriarca San
José

Mandó a Herodes que fuesen degollados todos los ninños del término de Belén.
Mas Dios quiso librar por entonces a su Hijo de la muerte, y envió un Ángel para avisar a José que tomase al Niño y asu Madre y huyesen a Egipto. Y al punto José emprende aquel viaje largo y penoso.

Santo protector mío, por vuestra pronta y continua obediencia a la voluntad de Dios,alcanzadme la gracia de obedecer puntualmente los preceptos divinos, y que en el viaje de esta vida no pierda jamás la compañía de Jesús y María.

Jaculatoria. ¡Dichosos los que a Dios

obedecen: nunca se extraviarán!Se lee la

Oración a San José para todos los días

Visita 18ª

Se lee la Oración preparatoria para todos los días

En el valle de Josafataparecerá Jesús un día sentado en trono de majestad; mas ahora, en el Santísimo Sacramento, su asiento es trono de amor.

Si el Rey, para mostrar el amor que tiene a un pastorcillo, fuese a vivir a la aldea en que aquél habita, ¿qué ingratitud no sería la del pastor si no fuese a visitarle a menudo, sabiendo que el Rey tanto lo desea, y que allí había ido para tener ocasión de verle con frecuencia? ¡Ah, Jesús mío!, conozco que por mi amor habéis venido a estar con nosotros en el Sacramento del Altar. Quisiera, pues, si me fuese dado, permanecer de día y de nocheen presencia vuestra.

Si los Ángeles, ¡oh, Señor mío!, no cesan de estar junto a Vos, pasmados del amor que nos manifestáis, justo es que yo, viéndoos por mi causa en este altar, os complazca, a lomenos, permaneciendo ante Vos y alabando el amor y la bondad que para mí tenéis.
Delante de los Ángeles os alabaré; vendré a vuestro templo a adoraros y ensalzaré vuestroSanto nombre por vuestra misericordia y verdad.

¡Oh, Dios Sacramentado!; ¡oh, pan de los ángeles!; ¡oh, sustento divino!, os amo. Mas ni Vos ni yo estamos satisfechos de este amor mío. Os amo, pero os amo muy poco. Haced, Jesús mío, que conozca la belleza y bondad inmensas que amo.

Haced que mi corazón deseche de sí todos los afectos terrenos, y ceda todo el lugara vuestro amor divino. Vos, para enamorarme enteramente de vuestra bondad, y uniros a mí, descendéis cada día del Cielo a los altares; razón es que yo sólo piense en amaros, en adoraros y complaceros. Os amo con toda mi alma, os amo con todos mis afectos. Si queréis pagarme este amor, dadme más amor, más llamas que me estimulen siempre aamaros y a desear siempre complaceros.

Jaculatoria. Jesús mío, amor mío, dadme amor.

Se lee el Acto para la Comunión espiritual para todos los días Visita a MaríaSantísima

Así como aquellos enfermos pobres a quienes por su miseria todos abandonan, hallan su único refugio en los hospitales públicos, así los más miserables pecadores, aunque todos los despidieren, no se ven por esto desamparados de la misericordia de María, a quienDios puso en el mundo con el fin de que fuese el asilo y hospital público de los pecadores, como dice San Basilio. Y por esto San Efrén la llama también el *refugio de los pecadores*.

Así, pues, si acudo a Vos, Reina mía, no podéis desecharme por mis pecados. Antesbien, cuanto más miserable soy, tanto más motivo tengo para ser acogido bajo vuestra protección, ya que Dios, para asilo de los más miserables, quiso crearos. A vos recurro, pues, ¡oh María!: bajo vuestro mando me pongo. Vos sois el refugio de los pecadores: sed, por lo tanto, mi refugio y la esperanza de mi salvación. Si Vos me desecháis, ¿adónde acudiré?

Jaculatoria. María, refugio mío, salvadme.

Se lee la Oración a María Santísima para todos los días Visita al Patriarca San

José

Considera cuál debió de ser la pena de San José en la huida a Egipto, viendo cuántosufrían su santa Esposa, no acostumbrada a caminar mucho, con aquel amable Niño, que llevaban, ora el uno, ora el otro, en sus brazos; yendo fugitivos y temerosos de encontrar a cada paso los soldados de Herodes; y todo esto en lo más crudo del invierno.

¡Oh, Padre adoptivo de Jesús!, por aquellos padecimientos que sufristeis en el viajea Egipto, alcanzadme fuerzas para sobrellevar con perfecta paciencia y resignación todas las incomodidades e infortunios que me sobrevengan en este valle de lágrimas.

Jaculatoria. ¡Oh, bendito José!, dadme paciencia perfecta en todas lasadversidades.

Se lee la Oración a San José para todos los días

Visita 19ª

Se lee la Oración preparatoria para todos los días Cosa gratísima es el hallarse cada uno en compañía de un amigo querido; ¿y no ha de sernos deleitable en este valle de lágrimas estar en compañía del mejor Amigo que tenemos, del que puede darnos todo bien, del que puede darnos todo bien, del que nos ama apasionadamente, y por eso de continuo se halla con nosotros?

Aquí, en el Santísimo Sacramento, podemos hablar con Jesús a nuestra voluntad, abrirle nuestro corazón, exponerle nuestras necesidades y pedirle mercedes; podemos, en suma, tratar con el Rey del Cielo en este misterio, sin encogimiento y con toda confianza.

Muy dichoso fue José cuando Dios, como atestigua la Escritura, descendió con su gracia a la prisión en que estaba para consolarle: *Bajó con él a la cárcel, y entre las cadenas no le olvidó.* Pero mucho más venturosos somos nosotros teniendo en nuestra compañía, en esta tierra de miseria, a nuestro Dios hecho hombre, que con su presencia realnos asiste tan afectuosa y compasivamente todos los días de nuestra vida.

¿Qué consuelo no es para un pobre encarcelado tener un amigo cariñoso que vaya a hablar con él, le consuele, le dé esperanzas, le socorra, y trate de alentarle en sus desdichas? Pues he aquí a nuestro buen amigo Jesucristo, que en este Sacramento nos anima diciéndonos: *Aquí estoy con vosotros todos los días.* Aquí estoy todo con vosotros, y he venido de propósito desde el Cielo a esta vuestra prisión para consolarlos, favoreceros y libertaros.

Acogedme, entreteneos siempre conmigo, uníos a Mí, que así no sentiréis vuestrasmiserias, y después vendréis conmigo a mi reino, donde os haré plenamente bienaventurados.

¡Oh, Dios, océano incomprensible! Ya que sois tan benigno, que para estar junto a nosotros os dignáis descender a nuestros altares, propongo visitaros con frecuencia; quiero gozar lo más que me sea posible de vuestra presencia dulcísima, que hace bienaventuradosa los Santos en la Gloria. ¡Oh, si pudiese permanecer siempre ante Vos, para adoraros y amaros continuamente!

Despertad, os lo ruego, alma mía, si por tibieza o por negocios del mundo se descuida en visitaros. Encended en mí grandísimo deseo de estar siempre cerca de Vos en este Sacramento. ¡Ay, Jesús mío amoroso, quién siempre os hubiera amado y complacido! Consuélame el pensar que todavía me queda tiempo de amaros, no sólo en la otra vida, sinotambién en la presente.

Así quiero practicarlo; quiero amaros de veras, sumo bien mío, mi amor, mi tesoro,mi todo...; quiero amaros con todas mis fuerzas.

Jaculatoria. ¡Dios mío, ayudadme a amaros!

Se lee el Acto para la Comunión espiritual para todos los días Visita a MaríaSantísima

Dice el devoto Bernardino de Bustos: "Pecador, cualquiera que fueres, no desconfíes; recurre a esta Señora con certidumbre de ser socorrido, y la hallarás con las manos colmadas de misericordia y de gracias. Y sabe -añade- que más desea la piadosísimaReina hacerte bien, que tú el ser socorrido por Ella."

Siempre doy gracias a Dios, ¡oh, Señora mía!, porque hizo que yo os conociese.
¡Pobre de mí, si no os conociera, o si me olvidase de Vos! Gran riesgo correría mi salvación. Pero yo, Madre mía, os bendigo, os amo y confío en Vos, y en vuestras manospongo mi alma.

Jaculatoria. ¡Oh, María!, dichoso quien os conoce y en Vos confía.

Se lee la Oración a María Santísima para todos los días Visita al Patriarca San
José

EL Señor ha prometido recompensar a quien en su nombre dé a un pobre un jarro deagua. ¡Cuán grande, pues, habrá sido la recompensa recibida por José, ya que Él puede decir a Jesús: "¡No sólo te he proporcionado con el sudor de mi frente cuanto necesitabas, sino que hasta te salvé la vida, librándote de las manos de Herodes!"

¡Oh, santo Patriarca!, por las fatigas y penas que sobrellevasteis por amor de Jesús, os suplico me alcancéis todas las gracias que necesito, para conformarme enteramente con los designios de la adorable Providencia, y para conseguir la eterna gloria.

Jaculatoria. ¡Oh, San José misericordioso!, alcanzadme verdadera caridad.Se lee la Oración a San José para todos los días

Visita 20ª

Se lee la Oración preparatoria para todos los días En aquel día -dice el Profeta- habrá una fuente abierta para la casa de David y para los moradores de Jerusalén, en la cualse lave el pecador." (Zac. 13, 1.) Jesús en el Santísimo Sacramento es esta fuente, que el profeta predijo, abierta para todos, y en la cual, siempre que lo quisiéremos, podemos lavar nuestras almas de todas las manchas de los pecados que cada día cometemos.

Cuando alguno incurre en una culpa, ¿qué remedio mejor hallará que acudir en seguida al Santísimo Sacramento? Sí, Jesús mío, así propongo hacerlo siempre, mayormente sabiendo que el agua de esta vuestra fuente, no sólo me lava, sino que también me da luz y fuerza para no recaer y para sufrir alegremente las contrariedades, y a la vez meinflama en vuestro amor.

Sé que con este fin me esperáis y que recompensáis con abundantes gracias las visitas de los que os aman. ¡Ah, Jesús mío!, purificadme de cuantas faltas hoy he cometido; arrepiéntome de ellas por haberos disgustado. Dadme fuerzas para no recaer, concediéndome grande anhelo de amaros mucho.

¡Oh, quién pudiera permanecer cerca de Vos, como lo hacía aquella fidelísima sierva vuestra, María Díaz, que vivió en tiempo de Santa Teresa, y obtuvo licencia del Obispo de Ávila para habitar en la tribuna de una iglesia, donde casi de continuo asistía ante el Santísimo Sacramento, a quien llamaba su vecino, sin apartarse de allí sino para ir a confesarse y comulgar.

El Venerable Fray Francisco del Niño Jesús, Carmelita Descalzo, al pasar por las iglesias donde estaba el Sacramento, no podía abstenerse de entrar a visitarle, diciendo no ser decente que un amigo pase por la puerta de su amigo sin entrar siquiera a saludarle y a decirle una palabra. Mas él, no se contentaba con una palabra, sino que permanecía ante suamado Señor todo el tiempo de que podía disponer.

¡Oh, único e infinito bien mío!, veo que instituisteis este Sacramento y que moráisen ese altar con el fin de que os ame; y para esto me habéis dado un corazón capaz de amaros mucho.

Mas yo, ingrato, ¿por qué no os amo, o por qué os amo tan poco?

No, no es justo que sea amada tibiamente bondad tan amable como sois Vos: a lomenos, el amor que me tenéis, merecería de mí muy otro amor.

Vos sois Dios infinito, y yo un gusanillo miserable. Poco fuera que por Vos muriesey me consumiera por Vos, que habéis muerto por mí, y que cada día por amor mío os sacrificáis enteramente en los altares.

Merecéis ser muy amado, y yo os quiero amar mucho: ayudadme, Jesús mío, ayudadme a amaros y a ejecutar lo que tanto os complace y tanto queréis que yo haga.

Jaculatoria. Mi amado para mí, y yo para él.

Se lee el Acto para la Comunión espiritual para todos los días Visita a MaríaSantísima

Reina mía dilcísima, piadosísima y amabilísima, ¡qué confianza tan hermosa me infunde San Bernardo cuando acudo a Vos! Díceme que no os paráis en examinar los méritos de los que recurren a vuestra misericordia, sino que os ofrecéis para auxiliar a todoscuantos se dirigen a Vos. De suerte que si yo os pido gracias, Vos me escucháis benigna.

Oíd, pues, qué cosa os pido: pobre pecador soy, que merece mil infiernos. Quiero mudar de vida; quiero amar a mi Dios, a quien tanto he ofendido. A Vos me ofrezco por esclavo; a Vos me entrego, mísero como soy. Salvad, os digo, a quien es vuestro, y ya nosuyo. Señora mía, ¿me habéis oído? Espero que me habréis escuchado y atendido favorablemente.

Jaculatoria. ¡Oh, María, tuyo soy, sálvame!

Se lee la Oración a María Santísima para todos los días

Visita 21ª

Se lee la Oración preparatoria para todos los días
Doquiera que estuviere elcuerpo, allí se congregarán las
águilas."

Este cuerpo es el de Jesús, según los sagrados
Expositores, en torno del cual las almas generosas y
desprendida, que a manera de águilas se remontan sobre las
cosas de la tierra y vuelan al Cielo, por el cual con
pensamientos y afectos suspiran de continuo comopor su
perpetua morada, hallan su Paraíso en este mundo de tal
modo, que parece no se sacian jamás de permanecer en su
presencia.

Que si las águilas, dice San Jerónimo, al olor de su
presa desde muy lejos acuden presurosas a buscarla, ¿cuánto
más no deberemos nosotros correr y volar hacia Jesús en el
Santísimo Sacramento, como el más regalado cebo de
nuestras almas? Por eso los Santos, en este valle de
lágrimas, corrieron siempre cual ciervos sedientos a esta
fuente.

El Padre Baltasar Álvarez, de la Compañía de Jesús,
en cualquier ocupación en quese hallase, dirigía los ojos a
menudo hacia aquella parte donde sabía que estaba el
Sacramento; le visitaba con suma frecuencia, y a veces pasaba
junto a Él noches enteras.

Lloraba al ver los palacios de los potentados llenos de
gentes, que obsequian a un hombre de quien sólo esperan
cualquier mísero bien, y tan abandonadas las iglesias, donde
habita el Supremo Príncipe del universo, que con nosotros

mora en la tierra como en trono de amor, rico de bienes eternos e inmensos; y decía que era grandísima la dicha de los Religiosos, pues en sus casas mismas pueden visitar, cuando quisieren, de noche y de día, aeste gran Señor en el Sacramento, cosa que no pueden lograr los seglares.

Ya que Vos, Señor mío amantísimo, a pesar de verme tan miserable e ingrato a vuestro amor, me llamáis con tanta bondad para que me llegue a Vos, no quiero desanimarme por mis miserias: aquí vengo, a Vos me acerco. Convertidme enteramente;arrojad de mí todo amor que no sea para Vos, todo deseo que no os agrade, todo pensamiento que a Vos no se dirija. Jesús mío, amor mío, sólo a Vos quiero dar gusto.

Únicamente Vos merecéis mi amor, y a Vos solo quiero amar con toda mi alma.
Apartadme de todo, Señor mío, y unidme con Vos; pero unidme de tal suerte, que no puedavolver a separarme de Vos, ni en esta ni en la otra vida.

Jaculatoria. Jesús mío dulcísimo, no permitas que me aparte de ti.

Se lee el Acto para la Comunión espiritual para todos los días Visita a MaríaSantísima

Llama Dionisio Cartujano a la Santísima Virgen: *La Abogada de todos los inicuos que a ella recurren*, ¡Oh, excelsa Madre Dios!, puesto que es oficio vuestro defender las causas de los reos más delincuentes que a Vos acuden, vedme aquí a vuestros pies. A Vos recurro, diciéndoos con Santo Tomás de Villanueva: *Ea, pues, Abogada nuestra, cumple tuoficio.* Encargaos de mi causa.

Verdad es que he sido reo de graves delitos a los ojos del Señor, multiplicando mis agravios después de tantos beneficios y gracias como me ha concedido; pero el mal, hechoestá, y Vos podéis salvarme. Basta que digáis a Dios que Vos me defendéis, y Él me perdonará y me salvaré.

Jaculatoria.- Madre mía amantísima, Vos me habéis de salvar.

Se lee la Oración a María Santísima para todos los días Visita al Patriarca San
José

María y José sabían cuanto los profetas habían predicho de Jesús; y es de creer quehablarían muy a menudo de su dolorosa Pasión y Muerte, meditándola con ternura.

¡Oh, padre compasivo!, por aquellas lágrimas que derramasteis pensando en la Pasión de Jesús, alcanzadme continua y tierna memoria de los dolores de mi Redentor; y por aquella santa llama de amor, que ardía en vuestro corazón, haced que prenda siquiera una centella de él en mi alma, que con sus pecados tanto contribuyó a los padecimientos deJesús.

Jaculatoria. San José, protector mío, haced que el recuerdo de la pasión deJesucristo me conforte y anime

Se lee la Oración a San José para todos los días

V i s i t a 2 2 ᵃ

Se lee la Oración preparatoria para todos los días

Andaba la esposa de los Cantares buscando a su amado, y porque no le hallaba, iba preguntando: *¿Por ventura, habéis visto al que ama mi alma?* Entonces no estaba Jesús en la tierra; mas ahora, si unalma que le ama le busca, hállele siempre en el Santísimo Sacramento.

Decía el B. P. Maestro Ávila que, entre todos los santuarios, no acertaba a hallar nidesear ninguno más estimable que una iglesia donde estuviese el Santísimo Sacramento.

¡Oh, amor infinito de mi Dios, digno de infinito amor! ¿Cómo pudisteis, Jesús mío,llegar a abatiros tanto que para morar con los hombres y uniros a sus corazones, os humillasteis hasta ocultaros bajo las especies de pan? ¡Oh, Verbo humanado!, fuisteis tan extremado en humillaros, porque extremado fuisteis en amar.

¿Cómo podré no amaros con todo mi ser sabiendo cuánto habéis hecho por cautivarmi amor?

Os amo muchísimo y por eso antepongo vuestro beneplácito a todos mis intereses y a todas mis satisfacciones. Mi contento es contentaros, Jesús mío, Dios mío, amor mío y mi todo. Fomentad en mí un encendido deseo de estar continuamente delante de Vos sacramentado, y de recibiros y haceros compañía. Ingrato sería yo si no aceptara convite tandulce y suave. ¡Ah Señor!, destruid en mí todo afecto a las cosas creadas.

Vos queréis, Creador mío, ser el único blanco de todos mis suspiros y de todos mis amores. Os amo, bondad amabilísima de mi Dios. No os pido más que a Vos mismo. No quiero mi contento; quiero y me basta el vuestro. Aceptad, Jesús mío, este buen deseo de unpecador que quiere amaros.

Ayudadme con vuestra gracia.

Haced que yo, mísero esclavo del infierno, sea desde hoy feliz esclavo de vuestro
amor.

Jaculatoria. Os amo, buen Jesús mío, sobre todo bien.

Se lee el Acto para la Comunión espiritual para todos los días Visita a MaríaSantísima

Dulcísima Señora y Madre mía, soy un vil rebelde a vuestro excelso Hijo; pero acudo arrepentido a vuestra piedad para que me alcancéis perdón. No me digáis que no podéis, pues San Bernardo os llama la *Dispensadora del perdón*. A Vos toca también ayudar a los que en peligro se hallan; que por eso os denomina San Efrén, *Auxilio de los que peligran.*

¿Y quién, Señora mía, peligra más que yo? Perdí a mi Dios y he estado ciertamente condenado al infierno; no sé todavía si Dios me habrá perdonado; puedo perderle aún. Perode Vos, que podéis alcanzarlo todo, espero todo bien: el perdón, la perseverancia, la gloria. Espero ser, en el reino de los bienaventurados, uno de los que más ensalcen vuestras misericordias, ¡oh, María!, salvándome por vuestra intercesión.

Jaculatoria. Las misericordias de María cantaré eternamente. Eternamente lasalabaré.

Se lee la Oración a María Santísima para todos los días Visita al Patriarca San
José

Si los dos discípulos que iban a la villa de Emaús se sintieron inflamados de amor divino en los pocos momentos que acompañaron al Salvador y oyeron sus palabras, ¿qué deberemos pensar de las llamas de santa caridad que se encenderían en el corazón de José conversando por espacio de cerca de treinta años con Jesucristo, acariciándole y recibiendolas caricias de aquel amado Niño?

¡Oh, afotunadísimo San José, que por tantos años tuvisteis la envidiable suerte debeber en la fuente de la divina caridad!
Alcanzadme amor fervoroso y perseverante hacia Jesús, que me haga despreciar todo otro amor y me separe totalmente de las criaturas, para unirme estrechamente al SumoBien.

Jaculatoria. Glorioso San José, haced

que yo ame a mi Señor Jesús.Se lee la

Oración a San José para todos los días

Visita 23ª

Se lee la Oración preparatoria para todos los días Padecen muchos cristianos grandes fatigas y se exponen a innumerables peligros por visitar los lugares de la Tierra Santa en que nuestro amabilísimo Salvador nació, padeció y murió.

No necesitamos emprender tan largo viaje, ni exponernos a tales riesgos; cercatenemos al mismo Señor, el cual habita en la iglesia a pocos pasos de nuestras casas.

Pues si los peregrinos tienen por gran ventura, como dice San Paulino, traer de aquellos Santos Lugares un poco de polvo del pesebre, o del sepulcro del Señor, ¿con qué fervor no debiéramos nosotros ir a visitarle en el Santísimo Sacramento, donde está el mismo Jesús en persona, sin ser preciso para hallarle correr tantos trabajos ni peligros?

Una persona religiosa a quien Dios concedió ferviente amor al Santísimo Sacramento, escribe en una carta, entre otros, estos afectos: "Conozco -dice- que todo mibien procede del Santísimo Sacramento; y por esta razón me he entregado y consagrado enteramente a Jesús Sacramentado."

"Veo que hay innumerables gracias que no se conceden porque no se acude a este Sacramento divino; y veo también el gran deseo que nuestro Señor tiene de dispensarlas poreste medio. ¡Oh, Santo misterio! ¡Oh, Sagrada Hostia! ¿Qué cosa habrá fuera de ti en que Dios ostente más su poderío?; porque en esta Hostia está cifrado cuanto Dios por nosotros hizo.

"No envidiemos a los bienaventurados; que en la tierra tenemos al mismo Señor, y con más prodigios de su amor. Procurad, pues, que todos aquellos con quienes habléis, se dediquen del todo al Santísimo Sacramento. Hablo de esta suerte, porque este Sacramento me saca fuera de mí. No puedo dejar de hablar del Santísimo Sacramento, que tanto mereceser amado. No sé qué hacer por Jesús Sacramentado."

¡Oh, Serafines, cuán dulcemente estáis ardiendo de amor junto al Señor vuestro y mío! Y con todo, no por vuestro amor, sino por el amor que a mí me tiene, quiso el Rey del Cielo quedarse en este Sacramento. Dejad, pues, ¡oh. Ángeles amantes!, que se encienda mialma; inflamadme en ese vuestro fuego, para que juntamente con vosotros arda yo también.

¡Oh, Jesús mío!, dadme a conocer la grandeza del amor que tenéis a los hombres, afin de que a vista de tanto incendio de caridad, crezca en mí cada vez más el deseo de amaros y complaceros. Os amo, Señor amabilísimo; y quiero amaros siempre sólo para agradaros.

Jaculatoria. Jesús mío, en Vos creo, en Vos espero, os amo, y a Vos me entrego.

Se lee el Acto para la Comunión espiritual para todos los días Visita a MaríaSantísima

Amabilísima Virgen, San Buenaventura os llama: *Madre de los huérfanos;* y SanEfrén: *Refugio de los huérfanos.* ¡Ay!, estos huérfanos miserables no son sino los pobres pecadores que han perdido a su Dios. Yo, pues, recurro a Vos, Virgen Santísima.

Perdí al Señor, mi Padre; mas Vos, que sois mi Madre, haréis que le recobre.

En tal desventura, os pido socorro; ayudadme. Vos... ¿Quedaré sin consuelo?...
¡Ah!, no, que Inocencio III me dice de Vos: *¿Quién la invocó y no fue por Ella atendido?...*Y ¿quién ha orado antes Vos sin que le hayáis escuchado y favorecido? ¿Quién se ha perdido de los que acuden a Vos? Sólo se pierde el que a Vos no recurre. Así, pues, Señora mía, si queréis salvarme, haced que siempre os invoque y que en Vos confíe.

Jaculatoria. María, Santísima Madre mía, haced que confíe en Vos.

Se lee la Oración a María Santísima para todos los días Visita al Patriarca San
José

La vida de José en presencia de Jesús y de María, era

una continua oración, rica enactos de fe, de confianza, de amor, de completa resignación a la voluntad divina, y de consagración entera de sí mismo a la gloria de Dios. Por eso el glorioso Patriarca, que después de María excedió en mérito y santidad a los demás Santos, también los supera a todos en la gloria del Cielo.

Santo Patriarca mío, alcanzadme que viva siempre unido con Dios, resistiendo losasaltos del infierno, y que muera amando a Jesús y a María.

Jaculatoria. Jesús, José y María, con Vos

descanse en paz el alma mía.Se lee la

Oración a San José para todos los días

Visita 24ª

Se lee la Oración preparatoria para todos los días Eres verdaderamente Dios escondido." En ninguna otra obra del divino amor se verifican tan a las claras estas palabrascomo en este adorable misterio del Santísimo Sacramento, donde Dios verdaderamente está de todo en todo escondido.

En la Encarnación, el Verbo Eterno ocultó divinidad, y apareció en la tierra hecho Hombre; mas residiendo con nosotros en este Sacramento, Jesús esconde también su humanidad, y sólo descubre -dice San Bernardo- las apariencias de pan, para demostrarnos de este modo el tiernísimo amor que nos tiene: *Cubre su divinidad, recata su humanidad ysólo aparecen por de fuera las entrañas de su ardentísima caridad.*

A vista, pues, del extremo a que llega, ¡oh, amado redentor mío!, el amor que tenéisa los hombres, quedó, Dios mío, fuera de mí, y no sé que decir. Vos por este Sacramento llegáis por amor a esconder vuestra Majestad, y abatir vuestra gloria, y destruir y anonadar vuestra vida divina. Y mientras estáis en los altares, parece que no tenéis otro ejercicio que el de amar a los hombres, y patentizarles el cariño que les profesáis. Y ellos, ¿con qué gratitud lo recompensan, oh, hijo excelso de Dios?

¡Oh Jesús!, ¡oh, amador (permitidme decirlo) excesivamente apasionado de los hombres, pues veo que anteponéis su bien a vuestra misma honra! ¿No sabéis acaso a cuántos desprecios había de exponeros vuestro amoroso designio? Veo, y mucho mejor loveíais Vos, que la mayuor parte de los hombres no os adora, ni os quiere reconocer por lo que sois en este Sacramento.

Sé que muchas veces esos mismos hombres han llegado a pisar las Hostias consagradas, y a arrojarlas por tierra, y en el agua y en el fuego. Y veo también que la mayor parte de los que en Vos creen, en vez de reparar con sus obsequios tantos ultrajes, ovienen a los templos a disgustaros más con sus irreverencias, u os dejan olvidado en los altares, desprovistos a veces hasta las luces, o de los necesarios ornamentos.

¡Ah, si yo pudiese, dulcísimo Salvador mío, lavar con

mis lágrimas, y aun con mi sangre, aquellos infelices lugares en que fue tan ultrajado en este Sacramento vuestro amory vuestro amantísimo Corazón! Mas si tanto no se me concede, a lo menos deseo y propongo, Señor mío, visitaros a menudo para adoraros, en reparación de los ultrajes que recibís de los hombres en este divinísimo misterio.

Aceptad, ¡oh Eterno Padre!, este cortísimo obsequio, que en desgravio de las injurias hechas a vuestro Hijo Sacramentado os tributa hoy el más miserable de los hombres. Aceptadlo en unión de aquella honra infinita que os dio Jesucristo en la Cruz, y osda todos los días en el Santísimo Sacramento. ¿Oh, si pudiese lograr, Jesús mío Sacramentado, que todos los hombres estuviesen enamorados del Santísimo Sacramento!

Jaculatoria. ¡Oh, amable Jesús!, haced que todos os conozcan y os amen.

Se lee el Acto para la Comunión espiritual para todos los días Visita a MaríaSantísima

SEÑORA mía poderosísima: cuando me asalta algún temor acerca de mi salvación eterna, cuánta confianza experimento con sólo recurrir a Vos, y considerar, de una parte, que Vos, Madre mía, sois tan rica en gracias, que San Juan Damasceno os llama *El amor de la gracia*; San Buenaventura , *La fuente de donde brotan juntas las gracias todas*; San Efrén , *El manantial de la gracia y de todo consuelo*, y San Bernardo , *La plenitud de todobien;* y, por otra parte, considero que sois tan inclinada a otorgar mercedes, que os creéis ofendida, como dice San Buenaventura, de quien no os pide gracias.

79

¡Oh, riquísima, oh sapientísima, oh clementísima reina! Comprendo que Vos conocéis mejor que yo las necesidades de mi alma, y que me amáis más de lo que yo puedo amaros. ¿Sabéis, pues, qué gracia os pido hoy? Alcanzadmela que estiméis más conveniente para mi alma; pedid ésta a Dios para mí, y así quedaré contento y satisfecho.

Jaculatoria. ¡Dios mío, concededme las gracias que María os pida para mí!

Se lee la Oración a María Santísima para todos los días Visita al Patriarca San
José

San José, después de haber prestado fieles servicios a Jesús y a María, llegó al fin desu vida en la casa de Nazaret. Allí, asistido de Jesucristo, y de María, su Esposa, con una paz propia ya del Paraíso, salió de esta miserable vida, con muerte tan inefablemente dulce y preciosa que, como decía San Francisco de Sales, murió San José por la fuerza del amor, como murió la Virgen, su Esposa.

Protector mío San José: mis pecados me han merecido, sin duda, una mala muerte;pero si Vos me defendéis, no me perderé.
Alcanzadme en la última hora particular

asistencia de Jesús y de María.

Jaculatoria . *Jesús, José y María,*

amparadme en mi última agonía. Se lee

80

la Oración a San José para todos los

días

V i s i t a 2 5 ª

Se lee la Oración preparatoria para todos los días Alaba San Pablo la obediencia de Jesucristo, diciendo que *obedeció a su Eterno Padre hasta la muerte. Mas, en este Sacramento, su obediencia ha ido más adelante, pues en él no sólo quiso obedecer al Eterno Padre, sino también al hombre, y no sólo hasta la muerte, sino cuanto dure el mundo:* Hecho obediente (puede decirse) *hasta la consumación de los siglos.*

El Rey de la gloria desciende del Cielo por obediencia al hombre; y no parece sino que mora de continuo en los altares, también para obedecer a los hombres, sin resistencia alguna. Allí está sin moverse por sí mismo: permite que le pongan dondequiera, o expuestoen la custodia, o encerrado en el Sagrario; deja que le lleven a todas partes, por las calles y las casas; permite que le den en la comunión, a quien quiera que lo pide, sea justo o pecador.

Mientras vivió en este mundo, dice San Lucas que obedecía a María Santísima y a San José; pero en este Sacramento obedece sin resistencia a tantas criaturas cuantos son lossacerdotes que hay en la tierra.

¡Oh, Corazón amantísimo de mi Jesús, del cual salieron todos los Sacramentos, y principalmente este Sacramento de amor!, permitidme que hable con Vos hoy. Quisieraglorificados y honraros tanto cuanto Vos glorificáis y honráis al Eterno Padre en este Sacramento.

Bien sé que en ese altar estáis amándome con aquel mismo amor que me tuvisteiscuando consumasteis en la Cruz el sacrificio de vuestra divina vida en medio de tantas amarguras. Ilustrad, ¡oh Corazón divino!, a los que no os conocen, para que os conozcan.
Librad del Purgatorio con vuestros merecimientos a aquellas almas afligidas, queson ya vuestras eternas esposas, o, al menos, aliviadlas.

Os adoro, os alabo, y os amo con todas las almas que actualmente os están amandoen la tierra y en el Cielo. ¡Oh, Corazón purísimo!, purificad mi corazón de todo afecto desordenado a las criaturas, y llenadle de vuestro santo amor. Poseed, ¡oh Corazón dulcísimo!, todo mi corazón, de tal suerte, que de hoy en adelante sea del todo vuestro y pueda decir siempre: *Ninguna criatura podrá jamás apartarnos del amor de Dios, que se funda en Jesucristo nuestro Señor (Rom. 8, 39)*

¡Oh Corazón Santísimo!, imprimid en el mío aquellos tan amargos trabajos, que portantos años soportasteis en la tierra por mí con inmenso amor, a fin de que a vista de ellos anhele de hoy en adelante, o a lo menos sufra por vuestro amor con paciencia todas las penas de esta vida. Corazón humildísimo de Jesús, haced que yo tenga parte en vuestra humildad. Corazón mansísimo, comunicadme vuestra mansedumbre.

Quitad de mi corazón todo lo que no os agrade. Convertidle enteramente a Vos, paraque no quiera ni desee sino lo que Vos queréis. Haced, en suma, que yo viva solamente para obedeceros.

Conozco que es mucho lo que os debo y que me tenéis muy obligado. Poco haría endeshacerme todo y consumirme por Vos.

Jaculatoria . *¡Oh, Corazón de Jesús! Vos sois el único dueño de mi corazón.*

Se lee el Acto para la Comunión espiritual para todos los días Visita a MaríaSantísima

Dice San Bernardo que María es la celestial Arca en la cual nos libraremos ciertamente del naufragio de la eterna condenación, si en ella nos refugiamos a tiempo. Figura fue de María el arca en que Noé se salvó del universal naufragio de la tierra. PeroExiquio dice que María es un Arca más amplia, más fuerte y más piadosa.

Pocos fueron los hombres y animales que aquella recibió y salvó; mas esta nuestraArca salvadora recibe a cuantos se acogen bajo su pabellón, y a todos seguramente los salva.

¡Pobres de nosotros si no tuviésemos a María! Y sin embargo, Reina mía, ¡cuántosse pierden!... ¿Y por qué? Porque no recurren a Vos...Pues, ¿quién se perdería si a Vos acudiese?

Jaculatoria . *Virgen Santísima, haced que siempre recurramos todos a Vos.*

Se lee la Oración a María Santísima para todos los días Visita al Patriarca San José

San Bernardo, ponderando el poder de San José en dispensar gracias a sus devotos, se expresa así: "A algunos Santos ha sido dado socorrer solamente en ciertos casos; mas noasí a San José, que puede prestar su socorro en cualquier necesidad, y defender a todos los que recurren devotamente a ÉL". Y Santa Teresa confirma exactamente lo mismo.

¡Oh, mi poderosísimo Abogado!, ya que Vos alcanzáis de Jesucristo todo lo que queréis en favor de vuestros devotos, alcanzadme la gracia de la oración, tan eficaz, que mehaga orar siempre como es debido.

Jaculatoria . *Socorredme, San José poderoso, en todas mis necesidades.*

Se lee la Oración a San José para todos los días

Visita 26ª

Se lee la Oración preparatoria para todos los días Alegraos con gran regocijo y alabad al Señor, moradores de Sión, porque en medio de vosotros está el Grande, el Santo de Israel."
¡Oh, Dios! ¡Y qué gozo deberíamos tener los hombres, qué esperanzas y qué afectosabrigar, sabiendo que

en nuestra patria, dentro de nuestras iglesias, cerca de nuestras casas, habita y vive el Santo de los Santos, el verdadero Dios; Aquel que con su presencia hace bienaventurados a los Santos en el Cielo; y que, como dice San Bernardo, es el amor mismo.

Porque este Sacramento no sólo es Sacramento de amor, sino el mismo amor, elmismo Dios que, por el inmenso amor que a sus criaturas tiene, se llama y es el Amor : *Dios es caridad*. Mas oigo que os lamentáis, ¡oh, Jesús mío Sacramentado!, de que habiendo venido a la tierra para ser nuestro huésped, y por nuestro bien, no os hemos recibido : *Huésped era, decís, y no me recibisteis*.

Razón tenéis, Señor, razón tenéis: yo soy uno de esos ingratos que os dejan solo, sinvenir siquiera a visitaros. Castigadme como quisiereis; mas no con el castigo que merecería de verme privado de vuestra presencia; no, Dios mío, que yo quiero enmendarme de la descortesía y desatención con que os he tratado; y deseo de hoy en adelante, no sólo visitaros a menudo, sino detenerme con Vos cuanto pudiere.

¡Oh, piadosísimo Salvador! Haced que os sea fiel, y que con mi ejemplo estimule alos demás a que os hagan compañía en el Santísimo Sacramento. Oigo también al Eterno Padre, que dice : *Este es mi Hijo muy amado, en quien tengo todas mis complacencias*.
Pues si el mismo Dios en Vos halla todas sus complacencias, ¿no las he de hallar yo, vilgusanillo de la tierra, en permanecer con Vos en este valle de lágrimas?

¡Oh, fuego consumidor!, destruid en mí todo apego a las cosas creadas, porque sóloellas pueden hacerme infiel y alejarme de Vos.

Si Vos queréis, podéis destruirlo: y ya que tanto habéis hecho por mí, haced esto también; desterrad de mi corazón todo afecto que a Vos no vaya encaminado. Mirad que aVos enteramente me entrego, dedicando hoy toda la vida que me queda al amor del Santísimo Sacramento.

Vos, Jesús mío Sacramentado, seréis mi consuelo y mi amor, en la vida y en la hora de mi muerte, cuando vengáis a servirme de Viático y conducirme a vuestro bienaventurado reino. Amén, amén. Así lo espero, así sea.

Jaculatoria. *¿Cuándo, Jesús mío, veré tu hermosísimo rostro?*

Se lee el Acto para la Comunión espiritual para todos los días Visita a MaríaSantísima

En Vos, Madre nuestra santísima, hallamos remedio a todos nuestros males. En Vos, dice San Germán, tenemos el apoyo de nuestra flaqueza. En Vos, exclama San Buenaventura, la puerta para salir de la esclavitud del pecado. En Vos, exclama San Buenaventura, la puerta para salir de la esclavitud del pecado. En Vos, nuestra segura paz. En Vos, como dice San Lorenzo Justiniano, hallamos el alivio de nuestra mísera vida. En Vos, finalmente, hallamos la gracia divina y a Dios mismo; y por eso San Buenaventura osllama : *Tronco de la gracia de Dios;* y Proco: *Puente felicísimo* por donde Dios, a quien nuestras culpas alejaron, pasa a habitar con su gracia en nuestras almas.

Jaculatoria . *¡Oh, María!, Vos sois mi fortaleza, mi libertad, mi paz y misalvación.*

Se lee la Oración a María

Santísima para todos los días

Visita al Patriarca San José

Es indudable -escribe San Bernardino de Siena- que Jesucristo no ha olvidado en elCielo la familiaridad y el respeto que profesó en la tierra a San José; al contrario, es de, creer que estos sentimientos de un verdadero hijo para con su padre son al presente más vivos y profundos."

Ayudadme, glorioso Patriarca, a alcanzar por vuestras súplicas el perdón de mis pecados, y la gracia de borrarlos con digna penitencia. Ayudadme a amar mucho a Jesús y aMaría y alcanzadme especialmente la perseverancia final.

Jaculatoria . *Haced, San José bendito, que viva y muera en gracia de Dios.*

Se lee la Oración a San José para todos los días

Visita 27ª

Se lee la Oración preparatoria para todos los días
Canta la Santa Iglesia en el oficio del Santísimo
Sacramento: *No hay nación alguna, por grande que sea,
que tenga asus dioses tan cerca de sí como lo está de
nosotros nuestro buen Dios.* Los gentiles, oyendo hablar de
las obras de amor de nuestro Dios exclamaban: ¡Oh, qué
Dios tan bueno es el Dios de los cristianos!

En verdad, aunque los gentiles fingían los dioses
conforme a sus caprichos, con todo, si leemos sus historias,
veremos que, entre tantas fábulas y tantos dioses inventados,
nadie logró imaginar un Dios tan enamorado de los hombres
como lo es nuestro verdaderoDios; el cual, para demostrar su
amor a sus adoradores, y para enriquecerlos de gracias, obró
este prodigio de amor, de hacerse nuestro perpetuo
compañero, oculto de día y de noche en nuestro altares,
como si no supiese apartarse ni un instante de nosotros.

De esta suerte, Jesús mío dulcísimo, quisisteis hacer
el mayor milagro de todos parasatisfacer el deseo extremado
que tenéis de estar continuamente a nuestro lado. Mas ¿por
qué huyen los hombres de vuestra presencia? ¿Y cómo
pueden vivir tanto tiempo lejos de Vos, o venir tan raras
veces a visitaros? Si pasan con Vos un cuarto de hora,
paréceles un siglo por el tedio que tienen. ¡Oh, paciencia de
mi Jesús, cuán grande eres!... Sí, lo entiendo, Señor mío; es
tan grande, porque es grande a maravilla el amor que tenéis a
los hombres, y esto es lo que os obliga a permanecer siempre
entre tantos ingratos.

¡Ah, Dios mío!, que siendo infinito en vuestras perfecciones, sois también infinito en el amor, no permitáis que en lo por venir sea yo también uno de esos ingratos, como en lo pasado lo he sido.

Concededme el amor que a vuestros merecimientos y a mi obligación corresponde.

Tiempo hubo en que yo también me cansaba de estar en vuestra presencia, porque no os amaba, o porque os amaba muy poco; mas si logro con vuestra gracia amaros mucho, entonces no me cansaré de perseverar a vuestras plantas en este Sacramento.

¡Oh, Eterno Padre!, os ofrezco a vuestro mismo Hijo; aceptadle, y por sus méritos dadme un amor tan tierno y ferviente al Santísimo Sacramento, que cuando pase por alguna iglesia donde esté Jesús Sacramentado, en Él piense y desee con ansia eficaz el momento deir a permanecer en su presencia.

Jaculatoria . *Dios mío, por el amor de Jesús, dadme grande amor al SantísimoSacramento.*

Se lee el Acto para la Comunión espiritual para todos los días Visita a Maríasantísima

Es María aquella *Torre de David,* de la cual dice el Espíritu Santo en el Cantar delos Cantares que está edificada con baluartes , y tiene mil defensas y armas para socorro de los que a ella acuden.

Vos sois, pues, ¡oh, Santísima María!, la defensa fortísima, como os llama San

Ignacio Mártir, de cuantos se hallan en el combate.

¡Oh, qué asaltos me dan continuamente mis enemigos, para privarme de la gracia deDios y de vuestra protección, Señora mía carísima! Pero Vos sois mi fortaleza; y no os desdeñáis, según decía San Efrén, de combatir por los que en Vos confían.

Defendedme, que en Vos confía y espero.

Jaculatoria . *¡Oh, María, María, tu hermoso nombre es la defensa mía!*.

Se lee la Oración a María Santísima para todos los días Visita al Patriarca San José

Escribía Santa Teresa: "Es cosa que espanta las grandes mercedes que me ha hechoDios, por medio de San José, de los peligros que me ha librado, así de cuerpo como de alma... No he conocido persona que de veras le sea devota y haga particulares servicios, que no la vea más aprovechada en la virtud... Sólo pido, por amor de Dios, que lo pruebe quien no me creyere."

¡Oh, bienaventurado José!, alcanzadme la gracia de imitaros en la vida espiritual;que aprenda a conversar con Dios y glorificarle eternamente.

Jaculatoria . *Ilustrad mi espíritu con el don de oración, glorioso San José.*

Se lee la Oración a San José para todos los días

Visita 28ª

Se lee la Oración preparatoria para todos los días Habiéndonos dado Dios a su mismo Hijo, dice San Pablo, ¿cómo podremos temer que nos niegue bien alguno? Sabemos que el Eterno Padre todo cuanto tiene lo dio a Jesucristo. Agradezcamos, pues, siempre la bondad, la misericordia, la liberalidad de nuestro amantísimo Dios, que quiso enriquecernos con todos los bienes y todas las gracias, dándonos a Jesús en el Sacramento del altar.

De esta suerte, ¡oh, Salvador del mundo!, ¡oh, Verbo humanado!, puedo decir que sois mío enteramente, si quiero yo. Pero, ¿puedo igualmente afirmar que soy todo vuestro, como Vos queréis? ¡Ah, Señor mío!, haced que no se vea en el mundo el desconcierto e ingratitud de que yo no sea vuestro cuanto Vos lo queréis. ¡Ah, nunca más suceda! Si así fue en el pasado, no lo será en lo venidero. Hoy resueltamente me consagro a Vos.

Os entrego para el tiempo y para la eternidad mi vida, mi voluntad, mispensamientos, mis acciones, mis padecimientos.

Vuestro soy enteramente, y como víctima a Vos ofrecida, despídome de lascriaturas, y por completo me dedico a Vos.

Abrasadme en las llamas de vuestro divino amor. No quiero, no, que en mi corazóntengan ya parte las criaturas. Las señales con que me habéis descubierto el amor que me teníais, aun cuando no os amaba, me mueven a esperar que ciertamente me recibiréis ahoraque os amo, y que por amor a Vos me entrego.

Os ofrezco hoy, ¡oh, Eterno Padre!, todas las virtudes, actos y afectos del Corazón de vuestro amado Jesús. Aceptadlos; y por sus merecimientos, que todos son míos, pues Élme los ha cedido, concededme la gracia que Jesús os pide para mí. Con estos, merecimientos os doy gracias por tantas misericordias como habéis usado conmigo. Con ellos satisfago lo que por mis pecados debo. Por ello espero de Vos todas las gracias: el perdón, la perseverancia, la gloria, y, sobre todo, el sumo don de vuestro perfecto amor.
Bien veo que yo soy quien a todo pongo impedimento; pero aun esto, Vos lo remediaréis.

Os lo pido en nombre de Jesucristo; el cual nos prometió que nos concedería cualquier cosa que os pidiéremos en su nombre. Así, pues, no podéis negármelo. No quiero,Señor, sino amaros, entregarme enteramente a Vos, y no ser ya ingrato como hasta ahora lo fui. Miradme y oídme: haced que hoy sea el día en que del todo me convierta a Vos, para nunca más dejar de amaros. Os amo, Dios mío; os amo, bondad infinita; os amo, amor mío, gloria mía, mi bien, mi vida y mi todo.

Jaculatoria . *Jesús mío, todo mi bien; Vos me amáis y yo os amo.*

Se lee el Acto para la Comunión espiritual para todos los días Visita a MaríaSantísima

Cuanto alivio siento en mis miserias, y cuánto consuelo en mis tribulaciones, y qué esfuerzo recibo en la tentación, no bien os recuerdo y pido vuestro auxilio, ¡oh Santa y dulcísima Madre mía, María! Sí; razón tenéis, ¡oh, Santos del cielo!, en llamar a mi Señora: *Puerta de atribulados; alivio de miserias; consuelo de miserables; remedio de nuestro llanto,* como decían san Efrén, San Buenaventura y San Germán. Consoladme Vos, Madremía; véome lleno de pecados, cercado de enemigos, tibio en el amor de Dios.

Consoladme, consoladme; y sea la consolación que me deis el hacerme empezar unavida nueva, que verdaderamente agrade a vuestro Hijo y a Vos.

Jaculatoria . *Renovadme, Madre mía, renovadme, puesto que podéis hacerlo.*

Se lee la Oración a María Santísima para todos los días Visita al Patriarca San
José

Por la gracia del Señor, no hay al presente cristiano alguno que no sea devoto de San José; pero entre todos ciertamente reciben mayores gracias aquellos que más a menudoy con mayor confianza se encomiendan a él. Pidámosle, pues, gracias, que todas nos las alcanzará, siempre que sean útiles para nuestra alma.

Amado San José, yo os elijo, después de María, como principal abogado y protectormío; por el amor que tenéis a Jesús y a María, admitidme por vuestro siervo perpetuo.

Jaculatoria . *Protector mío san José, atended siempre mis súplicas.*

Se lee la Oración a San José para todos los días

Visita 29ª

Se lee la Oración preparatoria para todos los días Yo
estoy a la puerta y llamo."
¡Oh, Pastor amantísimo, que por amor de vuestras ovejas, no
contento con morir una vez sacrificado en el ara de la Cruz,
quisisteis, además, quedaros oculto en este divino
Sacramento, en los altares de nuestras iglesias, para estar
siempre junto a nosotros y llamara las puertas de nuestros
corazones y procurarnos en ellos la entrada!.

Si yo supiese gozar de vuestra íntima compañía,
como vuestra Santa Esposa, que decía (Cant. 2,3): *¡Sentéme
a la sombra de Aquel a quien mucho había deseado!* ¡Ah, si
yo os amase, si os amase de veras, amabilísimo Jesús mío
Sacramentado, cuánto desearía no apartarme jamás del
Sagrario, ni de día ni de noche; y descansando allí, junto a
vuestraMajestad, aunque encubierta bajo la aparente sombra
de las Sagradas Especies, probaría aquellas celestiales
delicias y aquel gozo que hallan las almas que os aman
mucho.

Atraedme, Señor, con el aroma de vuestra hermosura
y del amor inmenso que eneste Sacramento me manifestáis.
Y así, Salvador mío, dejaré las criaturas y los placeres todos
del mundo, y correré hacia Vos.

¡Oh, qué frutos de santas virtudes dan a Dios, como plantas nuevas, las almas venturosas que os visitan con amor en el Santo Sagrario! Mas yo me avergüenzo de presentarme tan desnudo y vacío de virtudes ante Vos, ¡oh, Jesús mío! Ordenado tenéis quequien va al altar para honraros, no vaya sin algún don que ofreceros... Pues ¿qué he de hacer? ¿Nunca presentarme a Vos para visitaros?... No, que no es esto lo que os agrada.
Vendré, pobre cual soy, y Vos me proveeréis de los mismos dones que de mi deseáis.

Veo que os quedasteis en este Sacramento, no sólo con el fin de premiar a los que osaman, sino también para enriquecer a los pobres con vuestros bienes.

Ea, pues, comenzad hoy. Os adoro, Rey de mi corazón, verdadero amante de los hombres, Pastor enamoradísimo de sus ovejas, acudo a este trono de vuestro amor; y no teniendo otro don que ofreceros, os presento mi corazón miserable para que todo él quede consagrado a vuestro amor y beneplácito. Con este corazón puedo amaros; y con él quieroamaros cuanto pudiere.

Atraedle, pues, y unidle enteramente a vuestra voluntad; de suerte que de hoy en adelante también yo pueda decir, lleno de gozo, como vuestro amado discípulo decía, queestoy preso con las cadenas de vuestro amor.

Unidme, Señor mío, del todo con Vos; haced que aun de mí mismo me olvide, a finde que llegue un día en que venturosamente me desprenda de todas las cosas y hasta de mí mismo, para hallaros a Vos solo, amándoos siempre. Os amo, Señor mío Sacramentado; a Vos me entrego, A vos me uno, haced que os encuentre, haced que os ame, y nunca os apartéis de mí.

Jaculatoria . *Jesús mío, Vos solo me bastáis.*

Se lee el Acto para la Comunión espiritual para todos los días Visita a MaríaSantísima

San Bernardo llama a María *: Camino real para hallar al salvador y la salvación.* Si es cierto, pues, ¡oh, Reina!, que sois, como el mismo Santo dice, quien conduce nuestrasalmas a Dios, no esperéis que yo a Dios me dirija si no me lleváis en vuestros brazos.
Llavadme, llevadme; si resistiere, llevadme a la fuerza.
Con los dulces atractivos de vuestra caridad, obligad cuanto podáis a mi alma, a mi rebelde voluntad, para que deje las criaturas, y busque sólo a Dios y su voluntad santísima.

Mostrad al Paraíso cuán poderosa sois. Mostrad, entre tantos prodigios, esta otra maravilla de vuestra misericordia, uniendo enteramente con Dios a quien tan lejos de Dios estaba.

Jaculatoria . *¡Oh, María, podéis hacerme santo; de Vos lo espero!.*

Se lee la Oración a María Santísima para todos los días Visita al Patriarca San
José

Cuando Jesús vivía en la humilde casa de Nazaret, si un pobre pecador hubiese deseado obtener del Señor el perdón de sus pecados, ¿hubiera por ventura, podido hallar intercesor más poderoso que José? Si queremos, pues, reconciliarnos con Dios, recurramosa este Santo Patriarca.

¡Oh, glorioso San José!, ayudadme a alcanzar de la divina bondad no sólo el perdónde mis pecados, sino también la gracia de no ofender jamás, ni aun ligeramente, a mi amado Señor.

Jaculatoria . *Por Vos, protector mío, espero alcanzar el perdón y laperseverancia.*

Se lee la Oración a San José para todos los días

Visita 30ª

Se lee la Oración preparatoria para todos los días Por qué escondéis vuestro rostro?" Temor grande sentía el santo Job al ver que Dios le escondía su divina cara; mas elsaber que Jesucristo oculta su Majestad en el Santísimo Sacramento no debe causarnos temor, sino antes bien amor y confianza que precisamente con el fin de acrecentar nuestra confianza y patentizarnos más su amor, se quede oculto en los altares bajo las especies de pan: *Ocultando Dios su rostro en la Eucaristía,* dice Novarino, *nos descubre su amor.*

Porque, ¿quién se atrevería jamás a llegarse a ÉL confiadamente, y manifestarle susdeseos y afectos, si el Rey del Cielo descubriera en el altar los esplendores de su gloria?

¡Ah, Jesús mío! ¿Qué invención pudo haber más amorosa que esta del Santísimo Sacramento, en el cual os ocultáis bajo las especies de pan, a fin de que os amen y puedanhallaros en la tierra cuantos lo deseen? Razón tenía el Profeta al decir que clamasen los hombres y pregonaran y publicaran por todo el mundo hasta qué punto llegan las invenciones del amor que nos tiene nuestro buen Dios.

¡Oh, Corazón amantísimo de mi Jesús, digno de poseer todos los corazones de lascriaturas! ¡Corazón lleno, siempre lleno de llamas de purísimo amor; fuego consumidor, abrasadme del todo y dadme nueva vida de amor y de gracia! Unidme a Vos de tal modo que nunca me sea dado apartarme de vuestra amistad.

¡Oh, Corazón abierto para ser refugio de las almas, recibidme!
¡Corazón tan atormentado en la Cruz por los pecados del mundo, dadme verdadero dolor de todas mis culpas! Sé que en este divino Sacramento conserváis los mismos sentimientos de amor que por mí tuvisteis al morir en el Calvario; y que por esto tenéis grande deseo de unirme enteramente a Vos. ¿y será posible que aún me resista a entregarmedel todo a vuestro amor y deseo? Oh, amado Jesús mío! Por vuestros merecimientos, heridme, prendedme, atadme, unidme todo a vuestro Corazón.
Resuelvo en este día, aydado de vuestra gracia,

complaceros cuanto pudiere, pisoteando todos los respetos humanos, inclinaciones, repugnancias, todos mis gustos y comodidades que pudieran impedirme el contentaros por entero.

Haced Vos, Señor mío, que así lo ejecute, de suerte que de hoy en adelante todasmis obras, sentimientos y afectos se conformen enteramente con vuestro beneplácito.

¡Oh, amor de Dios, arrojad de mi corazón los demás amores!¡Oh, María, mi esperanza, que con Dios todo lo podéis, alcanzadme la gracia de que sea hasta la muerte siervo fiel del puro amor a Jesús! Amén, amén. Así lo espero; así sea en esta vida y en laeternidad.

Jaculatoria . *¿Quién podrá apartarme del amor de Cristo?*

Se lee el Acto para la Comunión espiritual para todos los días Visita a MaríaSantísima

Testifica San Bernardo que la caridad de María para con nosotros no puede ser nimayor ni más poderosa de lo que es en sí: por lo cual siempre generosamente nos compadece con sus afectos, y nos asiste con su poder. Siendo, pues, purísima Reina mía, rica en poder y rica en misericordia, podéis y deseáis salvarnos a todos.

Os diré, pues, hoy y siempre, con las palabras del devoto Blosio:
¡Oh, María Santísima!, en esta gran batalla que con el infierno tengo empeñada,ayudadme siempre, y cuando veáis que me hallo

100

vacilante y próximo a caer, tendedme entonces, ¡oh, Señora mía!, aún más prestovuestra mano, y sostenedme con más fuerza.

¡Oh, Dios, cuántas tentaciones me quedan que vencer hasta la hora de la muerte!
¡Oh, María, mi esperanza, mi refugio, mi fortaleza!, no permitáis que pierda la gracia de Dios, pues propongo acudir siempre y en seguida a Vos en todas las tentaciones diciendo:

Jaculatoria . *¡Ayudadme, María...; María, ayudadme!.*

Se lee la Oración a María Santísima para todos los días Visita al Patriarca San José

La gracia más preciosa que San José obtiene para los devotos que le sirven fielmente, es un tierno amor hacia el Verbo encarnado, nuestro amabilísimo Redentor.
Alcanzadme, Santo Patriarca, la mayor de las gracias, esto es: un tierno y constante amor aJesucristo.

Jaculatoria . *En el amor a Jesús, sed siempre mi guía, san José amantísimo.*

Se lee la Oración a San José para todos los días

V i s i t a 3 1 ª

Se lee la Oración preparatoria para todos los días
Oh, cuán hermoso espectáculoofreció nuestro dulce
Redentor aquel día, en que, cansado del viaje, se sentó
junto a la fuente de Jacob, esperando benigno y amoroso a la
Samaritana para convertirla y salvarla!

Pues de igual manera, descendiendo ahora el mismo
Señor todos los días desde el cielo a nuestro altares, como a
otras tantas fuentes de gracias, dulcemente se entretiene con
nosotros, esperando y convidando a todas las almas a que le
hagan compañía, siquiera por algún tiempo, con el fin de
atraerlas de esta suerte a su perfecto amor.

Desde los altares, donde reside Jesús Sacramentado,
parece que nos habla, y a todos nos dice: "Hombres, ¿por qué
huís de mi presencia? ¿Por qué no venís y os acercáis a Mí,
que os amo tanto, y que por vuestro bien estoy aquí tan
humillado? ¿Qué teméis? No he venido ahora a la tierra para
juzgaros; antes bien me oculto en este Sacramento de amor
conel único fin de hacer bien y salvar a todos los que a Mí
recurran."

Entendamos, pues, que así como en el Cielo
Jesucristo *vive siempre para intercederpor nosotros,* así
también en el Sacramento del altar está continuamente, de
noche y de día, haciendo el piadoso oficio de abogado
nuestro, y ofreciéndose como Víctima al Eterno Padre para
alcanzarnos su misericordia e innumerables gracias. Por esto
decía el devoto Kempis, que debemos llegarnos a hablar con
Jesús Sacramentado, sin temor a sus castigos, y sin ningún
recelo, sino como habla un amigo con otro amigo amado.

Pues ya que me lo permitís, dejad, ¡oh, invisible Rey y Señor mío!, que os abra confiadamente mi corazón, y os diga: ¡Oh, Jesús mío, enamorado de las almas!, bien conozco el agravio que os hacen los hombres. Los amáis y no sois amado; les hacéis bien, yrecibís desprecios; queréis que oigan vuestra voz, y no os escuchan; les ofrecéis vuestras gracias, y no las admiten.

¡Ah, Jesús mío! ¿Y será verdad que también yo hice un tiempo causa común con tales ingratos para ofenderos?... ¡Oh, Dios mío, verdad es! Pero tengo deseo de entendermey quiero reparar, en los días que de vida me restan, los pesares que os he causado, y hacer todo cuanto pudiere para agradaros y complaceros.

Decid, Señor, lo que de mí queréis: que todo quiero hacerlo sin reserva; hacédmelosaber por medio de la santa obediencia, y espero ejecutarlo. Dios mío, resueltamente os prometo nunca omitir desde hoy cosa alguna que entienda ser de vuestro mayor agrado, aunque tuviese que perder todas las cosas: parientes, amigos, estimación, salud y la misma vida.

Piérdase todo, con tal que os agrade a Vos. ¡Dichosa pérdida, cuando todo se pierdey sacrifica por contentar vuestro Corazón!
¡Oh, Dios de mi alma! ¡Oh, sumo Bien amabilísimo sobre todos los bienes! Os amo;y para amaros, uno mi pobre corazón a todos los corazones con que os aman los Serafines; lo uno al Corazón de María, al Corazón de Jesús. Os amo con todo mi ser, y únicamente a Vos quiero amar siempre.

Jaculatoria. *¡Dios mío, Dios mío, vuestro soy, y Vos*

sois mío!.

Se lee el Acto para la Comunión espiritual para todos los días Visita a MaríaSantísima

Dice el Beato Amadeo, que nuestra Santísima Reina María está continuamente ejercitando en la presencia divina el oficio de abogada nuestra, e intercediendo con susoraciones, que son para con Dios poderosísimas; porque como ve nuestras miserias y peligros, la clementísima Señora se compadece de nosotros y nos socorre con amor de madre.

De suerte que ahora mismo, ¡oh, Madre amorosísima y abogada mía!, veis las miserias de mi alma y mis peligros, y estáis rogando por mí. Rogad, rogad; y no dejéisnunca de rogar por mí hasta que me veáis salvo, dándoos humildes gracias en el Cielo.

Díceme el devoto Blosio que Vos, ¡oh, María dulcísima!, sois, después de Jesús, la salvación segura de vuestros siervos fieles.

¡Ah!, hoy os pido esta gracia: concededme la dicha de ser vuestro esclavo fiel hasta la muerte, para que después de esta vida vaya a bendeciros en el Cielo, seguro de que jamás habré de apartarme de Vos.

Jaculatoria . *¡Oh, María, Madre mía, haz que sea tuyo siempre!*

Se lee la Oración a María Santísima para todos los días Visita al Patriarca San José

Todos los cristianos saben que San José es el abogado de los moribundos y el protector de la buena muerte, ya que Él tuvo la envidiable suerte de morir en los brazos deJesús y e María. Sus devotos deben, pues, esperar que en aquel supremo trance, vendrá acompañado de Jesús y de María para asistirnos.

Amabilísimo San José, yo, miserable, imploro desde hoy vuestro patrocinio para aquel último instante de mi vida. Alcanzadme la gracia de morir con la muerte de los justos,en los brazos de Jesús y de María.

Jaculatoria . *Rogad por mí, bendito San José, ahora y en la hora de mi muerte.*

Se lee la Oración a San José para todos los días